小学生のための正書法辞典

ルートヴィヒ・ヴィトゲンシュタイン
丘沢静也・荻原耕平 訳

講談社学術文庫

目次　小学生のための正書法辞典

解説 ………… 丘沢静也 …… 5

小学生のための正書法辞典

序 文 ……… 2

本 文 ……… 11

* [ ]内は、訳者が書いたコメントです。

解説　ヴィトゲンシュタインのアスペクト転換の記念碑

丘沢静也

一　小学校の先生になる

ルートヴィヒ・ヴィトゲンシュタインが生前に出版した本は、二冊だけだ。『論理哲学論考』（一九二二年）と『小学生のための正書法辞典』（一九二六年）である。『論考』は、ヴィトゲンシュタインの代名詞のように有名だが、『正書法辞典』のほうは、ほとんど知られていない。ヴィトゲンシュタインが小学校の先生をしていたときに作った小冊子である。

ヴィトゲンシュタインは、一九一八年夏に完成した『論考』によって、哲学の問題をすべて解決したと考えた。だがその『論考』は、古典や傑作がしばしば味わうように、出版までにずいぶん時間がかかった。

まず最初はヤホダ＆ジーゲル社でうまくいかず、ブラウミュラー書店では、出版の条件として印刷費と紙代を要求されて、ヴィトゲンシュタインが断った。レクラム書店での出版は、師であり友人でもあるバートランド・ラッセルの書いた前書き（一九二〇年）が、ヴィトゲンシュタインには「安物の醸造酒」のように思えて気に入らず、話が消えた。その後、ラッセルの世話によって『オストヴァルト自然哲学年報』（一九二一年）に掲載されたが、ミスプリントが多く、ヴィトゲンシュタインは自分の書いたものとは認めなかった。ようやく一九二二年になって、ロンドンのラウトレッジ＆キーガン・ポール社から独英対訳版として出版された。ちなみに Tractatus logico-philosophicus （『論理哲学論考』）というラテン語のタイトルは、そのときG・E・ムーアが提案したものである。

ヴィトゲンシュタインは、もともと自己否定の傾向があったが、『論考』の出版が難航したことで、自殺しようと思うこともあった。また、『論考』で哲学の仕事に終止符を打ったので、哲学を卒業して転身することを考えた。

第一次世界大戦に従軍していたとき、ヴィトゲンシュタインはトルストイの『要約福音書』を読んで、トルストイに心酔するようになった。トルストイを偉大な作家として尊敬するだけでなく、トルストイが田舎の領地ヤースナヤ・ポリヤーナで農民のために学校をつくったことにも非常に感銘を受けていた。ヴィトゲンシュタインは、父親から相続した巨額の遺産を、リルケやトラークルやココシュカやアドルフ・ロースなど若い芸術家に分けあた

え、質素な生活を心がけた。もともとエンジニア気質のヴィトゲンシュタインには、"Less is more"のスタイルが似合うのだろう。

「教師になるつもりなんだ。一番いいのはさ、聖職者になって、子どもたちといっしょに聖書を読むことなんだけど」。ヴィトゲンシュタインは一九一九年一月、イタリアのモンテ・カッシーノの捕虜収容所で、七歳年下の戦友フランツ・パラークにそう打ち明けている。

二　年表風に

小学校の先生になって『正書法辞典』を出すまでの履歴を、年表風に紹介しておこう。

一九一九—二〇年　三〇歳のとき、ウィーン三区クントマンガッセ二〇番地にある教員養成学校の第四学年に通い、七月五日に「小学校教員資格証明書」をもらって卒業。

一九二〇年夏休み　アウグスティノ修道参事会のクロスターノイブルク修道院で庭師の助手として働く。

同年九月一六日　トラッテンバッハ（キルヒベルク・アム・ヴェクセル近郊）の小学校の臨時教員になる。

一九二二年九月一六-二三日 ハスバッハ(ノインキルヒェンの近くの小村)の小学校の教員。

同年一一月 教員資格試験を受け、一二月一日からは正規教員。

一九二二/二三年の大部分と一九二三/二四年 プフベルク(シュネーベルク近郊)の小学校の教員。

一九二四年九月 オッタータールの小学校の教員になる。

一九二六年 生徒ハイトバウアーに対する体罰が引き金となり、四月二八日に教員を依願退職。ヒュッテルドルフ(ウィーン近郊)の修道院で庭師の助手として働く。ウィーンのヘルダー゠ピヒラー゠テンプスキー書店から『小学生のための正書法辞典』が出版される(が、ヴィトゲンシュタインの書いた「序文」は印刷されなかった)。

三 『小学生のための正書法辞典』出版の経緯

『正書法辞典』をつくる

トラッテンバッハの小学校では、「正書法」の時間をもうけず、どの科目でも正書法の間違いに気づいたときに訂正するという方式だった。〈正書法は、「正書法」という単語もあつかうけれど、だからといってセカンド・オーダーの正書法があるわけではない〉(『哲学探

9　解説（丘沢静也）

キルヒベルクの絵葉書

トラッテンバッハの小学校

究』一二一）。生徒たちがノートを交換して、正書法をチェックしあったが、正しく訂正できずに間違った「訂正」もあった。ヴィトゲンシュタインが生徒たちに、正書法のための単語ノートを作らせた形跡はない。

プフベルクの小学校では、別の方式になった。生徒の書いた単語に正書法の間違いを見つけると、ヴィトゲンシュタイン先生がそれにしるしをつけ、生徒には自分でどこが間違っているか発見させ、訂正させた。その手引きとして、生徒たちに「単語ノート」を作らせた。国語の時間や、天気が悪くて野外で体育ができない時間などに、ヴィトゲンシュタインが黒板に単語をアルファベット順に書いて、子どもたちに書き写させたのだ。生徒レオポルディーネ・アイヒベルガーの作った「単語ノート」が残っている。

その「単語ノート」が、『小学生のための正書法辞典』の原型である。一六㎝×一〇㎝の小冊子で、ヴィトゲンシュタインが子どもたちに手作りさせた。黒いリンネルの背表紙を丈夫な糸で綴じた三冊の「単語ノート」は、全部で六二枚（つまり一二四ページ）。表紙は、木目模様の茶色のボール紙。この手のボー

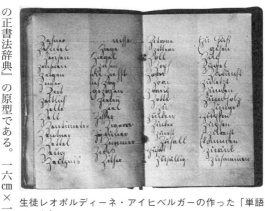

生徒レオポルディーネ・アイヒベルガーの作った「単語ノート」

解　説（丘沢静也）

ル紙は、子どもたち全員に用意されたらしい。というのも、ヴィトゲンシュタインが子どもたちに綴じさせた別の薄い小冊子──たとえばリヒャルト・フォン・フォルクマン゠レアンダーの『フランスの炉端の夢物語』（オーストリア教科書出版）──にも、同じボール紙が使われているからだ。

一ページは二段一五行。一〇二ページにわたって、変化形、むずかしい語形、複合語なども含めて、約三〇〇〇語の単語が書かれている。その約三〇〇〇語で、ヴィトゲンシュタインは、十分な語数だと考えていたのだろう。というのも、頭文字ごとに分類された単語のグループとグループの間には、新しい単語を追加するようなスペースがないからだ。

その小冊子はドイツ式の筆記体で書かれているが、ヴィトゲンシュタインは大人になってから、授業のためにそれをマスターしなければならなかった。大金持ちのお坊っちゃんだったので、小学校には行かず、家庭教師に教育されていたからだ。

プフベルク時代のヴィトゲンシュタインは、正書法にそれほど熱心ではなかった。生徒たちのノートを神経質にチェックしていたわけでもなく、レオポルディーネのノートにも間違いが訂正されずに残っている。

しかしオッタータールの小学校に移った一九二四年一〇月には、正書法辞典の必要を感じていた。ウィーンの友人ヘンゼルにこんな手紙を書いている。

プフベルクの絵葉書

オッタータールの絵葉書（友人エクルズ宛）。「私の小学校」と書き込んでいる。

辞書がこんなに高いとは考えもしなかった。長生きするなら、小学生のために小さな正書法辞典を編もうと思う。

解説（丘沢静也）

ルートヴィヒ・ヘンゼルは、一九一九年にモンテ・カッシーノ捕虜収容所で知り合い、『論考』を最初に読んだとされる友人で、ヴィトゲンシュタインには、教育観やシンプルな生活スタイルなどについて影響をあたえた人物である。

ヴィトゲンシュタインは、生徒たちとの共同作業はせず、ひとりで急いで、三か月足らずで『小学生のための正書法辞典』の初稿を書き上げた。後日、ウィーンに住んでいるヘンゼルに、版元のテンプスキー書店に対してゲラの催促をしてくれるよう頼んでいる。

『正書法辞典』を出版する

『正書法辞典』の出版は、『論考』の出版とはちがって比較的スムーズだった。

一九二四年一一月初めには、教員養成学校時代の校長だったラッケ参事官に相談して、『正書法辞典』出版の意思を伝えていた。ラッケ校長は、ヘルダー＝ピヒラー＝テンプスキー書店（当時はウィーン四区ヨハン・シュトラウス・ガッセ六番地）に連絡した。版元のほうは、ヴィトゲンシュタイン宛の一一月一三日の手紙で、出版の用意があると伝えてきた。その手紙には「地方の小学校の日常生活に役立つ正書法の本」と書かれている。〈ちょうど手紙手前どものところから『都会の小学校のためのドイツ語文法』をお出しになられるグラーツ市視学官、レオ・トゥムリルッ政府参事官が、ヴィトゲンシュタイン先生の小冊子制作に協力されるご用意がおありです。それだけでなく、その小冊子をグラーツ教員会議でも

検討して、現場の先生方から貴重なご意見をいただくご用意もおありです〉。

ヴィトゲンシュタインは一一月二六日の手紙で、それに同意。版元からは一二月二日の手紙でこんなことも。

『小学生の言葉の練習帳』の著者でウィーンの宮廷参事官、フランツ・ヴォルマン博士も、『正書法辞典』の原稿を大いに期待しておられます。もしも先生のお原稿が博士のお気に召されれば、ご自身の『練習帳』といっしょに出版することも考えておられます。

同じく版元からの一九二五年二月七日の手紙。

先生のご指示により組み直した校正刷りを二部、同封いたしました。念のため、最初にいただいたお原稿による校正刷りも一部、同封いたしました。今回の組み方で進行させていただきたいのですが、よろしいでしょうか。お知らせいただければ幸いでございます。

さらに版元からの四月二一日の手紙。

解説（丘沢静也）

拝啓。先日はウィーンにお越しになられたおり、役所に提出する序文のご用意につきましてご快諾いただき、ありがとうございます。序文は『正書法辞典』の出版認可申請に必要な文書でございます。——ホルツハウゼン印刷所によりますと、先生のご指示による見本組が、約一週間で完成する予定ですので、それまでに先生の序文もお送りくださいますようお願いいたします。本日、クレティウスの『ドイツ語小辞典』のパンフレットが届きましたので、同封させていただきます。先生の『正書法辞典』との比較検討をお願いできれば幸いでございます。——役所で伝えられたところによりますと、「小学生のための正書法辞典』のような小冊子は、これまでなかったものなので、いずれにしても小学校では歓迎されるだろう、とのことでございます。とはいえ『正書法辞典』に収録される単語リストが、子どもたちの語彙やそれぞれの年齢層にふさわしいものであることは、もちろん必要不可欠なことでございます。先生のお原稿にはその点についてご配慮がなされておりますが、序文においてもあらためて触れていただければ、幸いでございます。

敬具（署名）

これを受けてヴィトゲンシュタインは、四月二二日にオッタータールから版元に序文を送っている。五月一一日、連邦教育省から以下の文面がニーダーエースターライヒ州教育参事

六月二〇日までに（六月末日までに）報告すること。なお印刷見本は返却すること。教育大臣代理シュタットラー［（　）内の語句はオリジナルの文面では手書きで消されている］。

州教育参事官は専門家の意見を聞くため、五月一五日に印刷見本を、ヴァイトホーフェン・アン・デア・ターヤ郡の地区視学官エドアルト・ブクスバウムに送っている。

以下は、六月八日のブクスバウムの所見。

ウィーンのニーダーエースターライヒ州教育参事官殿。今年五月一六日にいただきまし

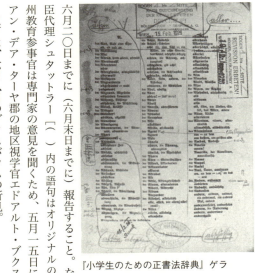

『小学生のための正書法辞典』ゲラ

官に送られた。〈ウィーンのニーダーエースターライヒ州教育参事官は、同封の印刷見本が地方の小学校および都会の小学校の授業での使用に適切かどうかを、検討したうえで（有能な専門家に検討させたうえで）、その（鑑定）所見を（教育参事官の意見および申請許可の可否を添えて）、遅くとも一九二五年

解説（丘沢静也）

1925年のヴィトゲンシュタイン

た要請にもとづきまして、私ことブクスバウムは、ヴィトゲンシュタイン『正書法辞典』の印刷見本に関しまして以下の所見を申しあげます。——適切な辞書を用いることは、最近だけでなく以前からも、小学校教育において必要だと認められております。教育原理からすれば辞書の使用は、地方および都会の小学校の高学年において喫緊の問題になっております。——ヴィトゲンシュタイン先生が述べておられるように、官製の大辞典は、語数も多くてかさばり、値段が高すぎ、詳しすぎます。小辞典は逆に、語数が不足しているだけでなく、外来語をたくさん収録しているので使いにくいと思われます。地方および都会の小学生を考慮した正書法辞典を作ることは、非常に困難な作業です。まったこの著者の仕事には、ある種のかたよりが見られます。たとえば、Anlage［設置、施設］という単語が収録されていません。これは、ケーディング頻度指標では三三三五／七一九［現物によると五二二五／七一九］なので、無視するべきではありません。さらに頻度指標が五六一／六四二の Anteil［分け前］も収録されていません。ほかにも経験上、子どもの目には親しい単語であるにもかかわらず、ヴィトゲンシュタイン先生の『正書法辞典』に収録されて

いない単語があります。Aar［鷲］、Bibliothek［図書館］（一六三／二三三）、Block［岩石などの］塊］、blöken［（牛や羊が）鳴く］、Brücke［橋］（四六九／六二六）、Buche［ブナ］（三八九／四一五）Paragraph［パラグラフ］（六八一八）、Pfau［クジャク］、poltern［ガタガタ音をたてる］、Promenade［遊歩道、散歩］などです。——このことによって、すべての必要に応えるものにはなりません。というのも、この著者の『正書法辞典』もまた、ひとつだけ指摘しておきたいことがあります。というのも、子どもが Anteil という単語が必要になる場合が、たしかに考えられるからです。その確率は、頻度指標が四の Abteil［車室、仕切り］の場合ときっと同じ高さです。辞書は、よく使われる単語をたくさん収録していればいるほど、確実に使いやすくなります。——ドイツ語の辞書では、たとえ前書き『正書法辞典』序文のこと］においてだけだとしても、eine Arbeit von vielen Monaten［何か月もの仕事］のかわりに eine mehrmonatliche Arbeit と書くような間違いがあってはなりません。——『正書法辞典』作成の方法について、著者は前書き［序文］で、『正書法辞典』を生徒たちにディクテーションで書き取らせました、と言っていますが、これには違和感があると言わざるをえません。つまり、生徒がすでに知っていて、しばしば書いてもいる単語を、正書法の確認のために、単語の構成要素に分解しながら、ディクテーションで書き取らせたとしか考えられないからです。事実関係の間違いも見逃せません。著者は Achsel を Schulter［肩］と

同義に扱っています。——フリードリヒ・クルーゲの『ドイツ語語源辞典』では、Achsel の説明に Schulterhöhle [腋窩、わきの下] の単語が使われています。これは、Blattachsel [葉腋] という複合語の場合からも明らかなことです [しかし、Achsel は日常では普通、「肩」の意味で使われる。またたとえば、定評あるヘルマン・パウル『ドイツ語辞典』でも、Schulter と同義と説明されているので、この視学官ブクスバウムの指摘は、重箱の隅をつついて語源にこだわる語学屋さんの、いちゃもんだろう]。——要約すると、上述した欠点を取り除けば、この『正書法辞典』は、地方と都会の小学校の高学年にとって、ともかく役に立つ教材になるが、無修正で現在のままなら、署名者の所見としては、教育当局には推薦されないだろう、と判断することができます。地区視学官エドアルト・ブクスバウム

州教育参事官は、このブクスバウムの所見に、〈所見で指摘された欠点を修正すれば、地方および都会の小学校の教材として、この『正書法辞典』を認可する〉という意見を添えて、連邦教育省に一九二五年六月二三日に提出した。

一九二五年一〇月一二日の通達一五四四四/九号で、『正書法辞典』は、地方の小学校と都会の小学校で一般に使用することが認められた。

一九二五年一一月二日に版元と出版契約書が交わされている。ヴィトゲンシュタインは、

『小学生のための正書法辞典』表紙

実売部数に対して定価の一〇パーセントの印税を受け取り、第一刷では一〇部、増刷時には五部をもらうことになっていた。そして『小学生のための正書法辞典』は一九二六年に、ヴィトゲンシュタインの序文なしで出版された。

しかし『正書法辞典』が出版されたとき、ヴィトゲンシュタインはすでに（四月二八日に）依願退職していたので、教室で使うことはなかった。ヴィトゲンシュタインの生徒たちも、ほかの教師たちも、実際に使った形跡はない。それ以降に使われた記録もない。もちろん増刷されることもなく、ほとんど忘れられ、幻の小冊子となった。一九七七年に復刻版が出たが、ごく一部のヴィトゲンシュタイン・ファンの手に取られただけで、現在は品切れになっている。

四　『小学生のための正書法辞典』の特徴

解　説（丘沢静也）

では、『小学生のための正書法辞典』は、なんの取り柄もない小冊子なのだろうか。そんなことはない。単語の配列に注目すれば、ヴィトゲンシュタインの「転身ぶり」を読み取ることができる。

辞典では、どの単語を収録するか、ということから頭を悩ませる。小学生に対する教育的な配慮が必要だからだ。ヴィトゲンシュタインの配列は、それよりはるかにむずかしい。小学生に対する教育的な配慮が必要だからだ。ヴィトゲンシュタインは、それをどういう具合に工夫したか。印刷されなかった序文で、例をあげて説明している。

> alt [古い], das Alter [年齢]
> der Altar [祭壇]
> das Altertum [古代], altertümlich [古代の]

配列の大方針は、アルファベット順だが、そこに幹語・派生語の方針をからませて、最適の妥協を探っている。印刷されなかったヴィトゲンシュタインの序文を見てみよう。〈単語の並べ方はさまざまな視点による合作であり〉、〈ひとつの方針にだけ頑固にこだわ〉るのではなく、〈むしろ何度も妥協することが必要不可欠なのです〉。

そしてヴィトゲンシュタインは、こんなふうに言っている。

太字体を私は、見出し語の強調のためだけでなく、単語や個々のアルファベットを目立たせたいと思ったところでも残らず、遠慮なく使っています。

私がどのように単語を並べたのか、それを数多くの場合でいちいち弁明しはじめると、きりがありません。どの場合でも私はひとつひとつ、時間をかけててていねいに考えました。配列法を個々のケースで、詳細に時間をかけてじっくり検討しました。

名詞を私は、〈見出し語の前に冠詞をかぶせている〉。ドイツ語の名詞は、いつも大文字で始まり、男性名詞の定冠詞は der、女性名詞の定冠詞は die、中性名詞の定冠詞は das だから、この方式だと、名詞の性別まで一目瞭然で、実用的でもある。

というようなわけで、小学生の使い勝手を考えて、緻密に工夫された『正書法辞典』は、

ひとつの方針にこだわらず、その場その場での文脈を考えて、妥協を積み重ねた産物なのだ。そのページをながめていると、エンジニア気質のヴィトゲンシュタインならではの、インダストリアル・アートのように思えてくる。

このアートには、ヴィトゲンシュタインが実際に教室で小学生を相手に授業をして、つまり悪戦苦闘して身につけた現場感覚が働いている。ちなみにヴィトゲンシュタインが担当したクラスの生徒数は、トラッテンバッハでは六五人、プフベルクでは四〇人、オッタータールでは四五人だった。

もうひとつちなみにヴィトゲンシュタイン先生は、カリキュラムを自分で組み立てていたが、国語の授業はほとんど大事にしていなかった。大事にしていた授業は、算数（といっても、ヴィトゲンシュタインが教えたのは代数）や、歴史や、博物誌だった。

『小学生のための正書法辞典』は、前期の『論考』から後期の『探究』への転身を予告する、記念すべき小冊子といえるのではないだろうか。正確さに病的なまでにこだわり、傍若無人で相手のことなど眼中にないヴィトゲンシュタインが、生徒の使い勝手をしっかり考えて、原理原則にこだわらず、柔軟に妥協しながら作った辞典なのだから。

五　小学校の先生としての姿勢

記念すべき小冊子は、子どもの使い勝手を追求し、「小学生のための」と謳っている。しかし裏の事情もあった。生徒たちにセルフチェックを追求用の指針となるハンドブックを用意したのは、ヴィトゲンシュタインが正書法をいちいちチェックするのが面倒だったからだ。たしかにヴィトゲンシュタインは、求道者的なトルストイに傾倒し、友人にはこんなふうに打ち明けている。「教師になるつもりなんだ。一番いいのはさ、聖職者になって、子どもたちといっしょに聖書を読むことなんだけど」。だが本当にそれは、「子どものため」だったのだろうか。

大富豪の家で家庭教師に教育されていたので、小学校で先生に教えられた体験もない。一五歳年上で母のような存在である姉ヘルミーネに、小学校教師になることを反対されたとき、こんな手紙を書いている。〈お姉さんは、閉めきった窓から通行人をながめている人みたいだ。その人には、通行人の奇妙な動きが説明できない。どんな嵐が窓の外で吹き荒れているのか、また、どんなに苦労して通行人が二本の足で立っているのか、わからないんだ〉。先生になったのは、自分を救うためだった。〈小学校の先生になったのは、自分の人生の手術だ〉。ヴィトゲンシュタインは、自分のことでいっぱいだった。

プフベルクの小学校の生徒たちと

ヴィトゲンシュタインが小学校の先生をしていた頃、ウィーンで、そしてオーストリアでは、役所主導で、進歩主義的な教育改革の真っ最中だった。合言葉は「子どもの側から」。だがヴィトゲンシュタインは、友人でギムナジウムの教授ヘンゼルの影響を受けていた。ヘンゼルは、当時の教育改革には批判的だった。子どもの心理や発達には配慮せず、規律正しく学ぼうとする意思を子どもに要求した。子どもは厳しい調教の対象だった。ヴィトゲンシュタインも、子どもに探させたり、発見させたりすることはほとんどなく、子どもの中に入りこもうとはしなかった。

子どもたち同士のおしゃべりに耳を傾けたが、子どもとはしゃべらなかった。子どもたちがヴィトゲンシュタインに答えた言葉は、自分たちの方言ではなく、学校ドイツ語だった。ヴ

ィトゲンシュタインが子どもに質問するときも、学校ドイツ語だった。ヴィトゲンシュタイン自身が話したのは、ウィーンの貴族が使うような「シェーンブルン風」と呼ばれるドイツ語、いやオーストリア語だった。「郷に入っては郷に従え」という言葉は、ヴィトゲンシュタインの辞書にはなかったのだろう。

この傾向は『正書法辞典』にも反映されている。序文には、〈方言の言い回しは、それが教養ある言語と見なされている場合にだけ収録する〉と書かれている。ヴィトゲンシュタインは、教養ある言語を尊重していた。もともとヴィトゲンシュタインは、土地の方言に特有の文法や発音に馴染みがなく、方言を使うことがなかった。村人のことは、田舎者で馬鹿だと軽蔑していた。村人たちが言い合っている冗談を、ヴィトゲンシュタインは理解できなかった。〈私の言語の境界は、私の世界の境界を意味する〉(『論考』五・六)。

そんなヴィトゲンシュタインの姿を、『哲学探究』(一九五三年) に出てくる「研究者」に重ねてみることができる。

　ルールにしたがうということは、命令にしたがうということに似ている。命令にしたがうようトレーニングされ、ある一定のやり方で命令に反応する。しかし命令とトレーニングにたいして、ある人がそのように反応し、別の人がちがったふうに反応したとしたら、どちらが正しいのだろうか?

まったくなじみのない言語を使っている未知の土地に、研究者としてやって来たとしよう。どのような状況でなら君は、その土地の人たちが命令をくだし、命令を理解し、命令にしたがい、命令に抵抗している、などと言うだろうか？　人間に共通の行動の仕方が座標系（参照システム）である。それを手がかりにして私たちは未知の言語を解釈する。(『哲学探究』二〇六)

六　小学校の先生としての実態

学校の外では、子どもにも村人にも無関心だった。生徒に道で出会って挨拶されても、知らん顔。そのくせ生徒には挨拶を強要した。挨拶しなかったら、ビンタをくらわせていた。帽子屋の娘アンナの話によると、挨拶しなかった生徒の帽子をヴィトゲンシュタインが力まかせに引っ張ったため、つばがちぎれて、新しい帽子を買いにきた。事情を聞いてアンナの父親が「安くしておきます」と言ったら、ヴィトゲンシュタインは、また怒り出したらしい。

えこひいきも激しかった。エンゲルベルトとかビンダーとかレーオポルトなど勉強のできる数人には、ギムナジウムに進学させるために、無料で特別に補習をしていた。お菓子やパンをほうびにして。貧乏村のオッタータールでは、はだしで通学する同級生もいたのに。

優等生はファーストネームで呼び、その他大勢はファミリーネームで呼んでいた。優等生のエンゲルベルトなどは、愛称で「ベルトル」と呼ばれた。そういう差別のほうが、パンやお菓子なんかより、子どもの心にはこたえたのではないか。

一〇時に終わる授業が一一時や一二時まで延びることもあった。生徒にとっては学校なんて、仕方なしに通う場所だから、とても迷惑だった。

ヴィトゲンシュタインは感情をコントロールするのが苦手だった。すぐ興奮して、汗をかき、鼻を鳴らし、ハンカチをギーッと嚙んだかと思えば、自分の眉のうえに跡が残るほど強く爪を押しつける。そういう自虐は、まだご愛嬌だった。

アンナ・ブレナーは、むずかしい宿題がよくできていたので、黒板で計算問題を解くように言われた。けれどもアンナが解けなくてまごまごしていると、たちまち平手打ちが飛んできた。ヴィトゲンシュタインは、子どもがさっと理解しないことに我慢ならなかった。あのラッセルにだって、『論考』の説明をくり返すのを嫌がった天才なのだ。

血を出したフランツなどは、角砂糖をあたえられて、家の人に言わないように口止めされた。

ヴィトゲンシュタインが小学校の先生をやめることになったハイトバウアー事件も、その種の体罰のひとつにすぎなかった。

解　説（丘沢静也）

ヴィトゲンシュタインの最後のクラス（オッタータール）。靴を履いていない生徒がいる。中央の成人男性は同僚。

　四年生のヨーゼフ・ハイトバウアー（一一歳）は、婚外子で、事件の三年後、一四歳で白血病のため亡くなっている。もともと虚弱で、ヴィトゲンシュタインの平手打ちを二、三発受けると、気絶して倒れてしまった（「そんなことはいつものこと。それが虐待なら、ヴィトゲンシュタイン先生の罰の八割は、虐待だったでしょう」という証言がある）。ヴィトゲンシュタインはパニックになり、授業を中断して、学校の敷地内にある教員住宅にハイトバウアーを運ばせ、その日の授業を終わりにした。四キロ離れたキルヒベルクから医師フェルナイが呼ばれたが、それより先に父親代わりのピリバウアーが駆けつけて、ヴィトゲンシュタインと大喧嘩になり、警察に通報

した。しかし警官が不在で、翌日にはヴィトゲンシュタインのほうが姿をくらましました。

ヴィトゲンシュタインは、ハイトバウアーの母親か医師フェルナイに告発されたとされるが、「それほど責められなかった。ヴィトゲンシュタインには、血が出るまで生徒の耳を引っ張ったなど、たくさん悪評があったけれど、ピリバウアー自身も評判の悪い男で、ヴィトゲンシュタインが姿を消すと、ハイトバウアー事件も語られなくなった。実際、この件で審理が行われたという話も聞かれず、父親代わりのピリバウアーが裁判に呼ばれたこともなかった」と証言する者もいた。

ただヴィトゲンシュタインは、自分がやってしまった体罰を詫びに、よく生徒の家まで出かけていた。当時は、その種の体罰は伝統的な慣習として、どの学校でも行われていたという。ヴィトゲンシュタインは、棒をもって、いつも教室を歩き回っていた。生徒は恐ろしくてピリピリしていた。ちなみに棒の調達は優等生の仕事で、その他大勢は薪集めだった。

ヴィトゲンシュタインの教育は、当時の教育改革の姿勢「子どもの側から」に逆行するもので、上から調教するというスタイルだった。教える立場（自分の正義）を信じて疑わなかった。教室のヴィトゲンシュタイン先生は、あらゆることを可能なかぎり疑うデカルト主義者ではなかったのだろう。教室は、ヒステリックな軍曹が管理する能力主義の兵営で、頭のゆるい生徒たちは、脱走とか不登校も思いつかなかった。姉のヘルミーネに対してヴィトゲンシュタインは自分を「嵐のなかの通行人」にたとえたが、生徒たちにとっては、その通行

人が「嵐」だった。授業のためにネコやイヌやリスやキツネの骨格標本をつくらせなかった。『正書法辞典』もそうだった。頑固な職人気質の完全主義者だったが、生徒には手伝わせなかった。しかし「子どもといっしょに」という姿勢はなかった。生徒は標本に手を触れてはならず、先生の説明を暗記させられるだけだった。

ヴィトゲンシュタインがつくったネコの骨格標本

シャイベンバウアーのところに下宿していたとき、ヴィトゲンシュタインは、死んだキツネをもって帰ってきて、自分の部屋で火をおこし、屍体を煮はじめた。腐りかかっていたので、解剖できなかったらしい。当時、ヴィトゲンシュタインは一部屋しか借りていなかったので、当然、猛烈な悪臭が両隣の部屋まで伝わる。たまらなくなった両隣の下宿人は、家主に苦情を言う。そこで家主のシャイベンバウアーがヴィトゲンシュタインに注意すると、こう言われた。「私は出ていかない。悪臭ががまんできないのなら、がまんできない人のほうが出ていけばいいでしょう」。そのままヴィトゲンシュタインは、屍体の煮沸をつ

づけ、骨だけにしてしまった。おまけに彼はその日、その部屋で夕食をとり、そこで眠って、翌日またキツネの骨格標本づくりをつづけた。

しかしヴィトゲンシュタインなりに子どもたちのことは大好きだった。オレンジやチョコレートを配ったり、ウィーン見物のときには、ただで宿を提供したり。読本として『グリムの伝説』や『ガリバー旅行記』など合計一〇〇冊を、ウィーンから取り寄せたりしていた。もちろん費用はヴィトゲンシュタイン持ちで。

七　居場所がない

小学校の先生になったのは、苦しさから逃れるための「手術」だった。最初の任地トラッテンバッハに着いて三週間後、〈手術はとても痛かったが、経過は良好。手足に一部欠けるところはあっても、健康だ〉と手紙に書いている。だが、「健康」は長つづきしなかった。村が気に入らなかった。友人ヘンゼルに宛てた手紙では、〈ひとりでいると、気分もすぐれて快適だが、連中のなかにいると、孤独で見捨てられた気持ちになってしまう〉。ハスバッハからエンゲルマンに宛てた手紙によると、〈新しい環境（教師や司祭など）から、ものすごく不愉快な印象〉。生徒には、こんな歌をうたわせていた。

「どこへ行くの」と旅人に聞いたら、
「家に帰るのさ、家に」と旅人はほがらかに答えた。
「どこから来たの」と農夫に聞いたら、
「家を出てきたのさ、家を」と農夫は答えて、深いため息。
「君の幸せはどこで花ひらくの」と今度は友だちに聞いてみたら、
「家で花ひらくのさ、家で」と友だちはほがらかな目をして答えた。
「なぜそんなに苦しんでるの」ととうとう私が聞かれた。
「もう家には帰れない。私にはもう故郷がない」

小学校の先生ヴィトゲンシュタインは、ニーダーエースターライヒではウィーンっ子だった。貧しい人たちのなかでは金持ちだった。子どもたちのなかでは教師だった。労働者や農民のなかでは学者だった。居場所を求めて小学校の先生になったのだが、うまくいかない。小学校の先生時代だけではない。どこにいても居場所がなかった。

ドイツ語の二人称には、親称（du）と敬称（Sie）がある。親称は家族や友人のあいだで使い、敬称は親しくない大人どうしで使われる。ヴィトゲンシュタインはリンツの実科学校で寄宿生活をしていたとき、同級生を「きみ（du）」で呼ばず、「あなた（Sie）」で呼んでいた。そのうえ同級生にも自分のことをSieで呼ぶように要求していた。軍隊のときもそうだったという。

Sieは便宜的に「敬称」と名づけられているけれど、相手と距離があると感じられる場合に用いられる。ヴィトゲンシュタインは、たいていの相手と距離をとっていた。というよりも、相手との距離を測ることが苦手だった。居場所がなければ、居場所をつくればいいのだが、距離感がうまく測れなかったので、居場所をつくることができなかった。

自分の苦悩を消すため、自分を変えたい。それがヴィトゲンシュタインの生涯のテーマだったようだ。マルクスをパラフレーズすれば、「哲学者は世界をさまざまに解釈したにすぎない。大切なのは自分を変えることだ」。でもヴィトゲンシュタインは、自分を変えること

はできなかった。適切な距離をとって人とつき合うことができず、他者のなかに「自分」を探そうとはしなかった。トラッテンバッハ、ハスバッハ、プフベルク、オッタータールの村は、嫌悪の対象であり、苦しい経験の場にすぎなかった。

八 「倫理的」というよりは、アスペルガー者

『論考』で哲学の仕事に終止符を打ったと自負していたのに、その自信作は出版が難航した。ヴィトゲンシュタインは落ち込んでいた。一九一九年一一月、出版者のフィッカーに手紙を書いている。『論考』の目線や、ヴィトゲンシュタインの立場を説明するものとして、よく引用される手紙だ。

……この本の意味は、倫理的なものです。かつて私は前書きに、ある文章を書くつもりでした。実際には書きませんでしたが、これからそれを書いてみます。なぜなら、あなたにとって、もしかすると『論考』の鍵になるかもしれないでしょうから。私はこういう文章を書くつもりだったのです。「私の仕事は、二つの部分からなっています。ここの本に書かれている部分と、私が書かなかった部分です。そしてまさに書かれなかった二番目の部分こそが、重要なのです。なぜなら倫理的なものの境界線を、私の本はいわ

この文章に、『論考』の最後の命題（《語ることができないことについては、沈黙するしかない》）を絡めて、しばしば、ヴィトゲンシュタインの「倫理的」小学校の先生になったのも、トルストイ的な「子どものために」というロマンチックな言葉で語られることが多い。復刻版『小学生のための正書法辞典』の編者ヒューブナーもそうだ。しかし小学校の先生としてのヴィトゲンシュタインの実態を見ると、(当時の学校では「常識」だったにせよ) 非対称の暴力には首を傾げざるをえない。すでに紹介したように、ヴィトゲンシュタインが小学校の先生になったのは、「子どものため」というよりは、むしろ「自分のため」だった。

ヴィトゲンシュタインは「特性のある男」だった。そのため、さまざまな「普通」ではない行動や態度をとることになった。同じ服を着つづけたり、同じメニューを食べつづけた

ば内側から引いているのですから、このようにしてしか境界線を引くことができない、と確信しています。要するに、今日、多くの人の口から出まかせにしゃべられていることのすべてを、この本のなかで私は、それについて沈黙することによって確定したつもりです」。だから私のひどい勘違いでなければ、あなた自身が言おうとしていることの多くを、この本は言っているでしょう。でもあなたは、この本で言われていることが見えないかもしれません……。

り、騒音に敏感だったり……。「こだわり」や「しつこさ」のエピソードは山のようにある。行動や態度が「普通」でないだけでなく、ヴィトゲンシュタイン哲学には「普通」でない視点や問いがふんだんにある。それがヴィトゲンシュタインの魅力でもあり、哲学にも豊かな実りをもたらしてきた。

精神科医の福本修の「心の理論」仮説と『哲学探究』——アスペルガー症候群〔から/を〕見たウィトゲンシュタイン」によると、哲学者が普通の人たちには生じないような疑問を提出するのは、洞察力があるからではなく、洞察力がなく、本人にしか生じない疑問に捕らわれているからだ。

福本修が提案しているように、ヴィトゲンシュタインをながめるとき、「倫理」の眼鏡ではなく、「アスペルガー症候群」の眼鏡をかけてみる。すると解像度が上がり、見晴らしもよくなる。たとえば——

ヴィトゲンシュタインはアスペルガー者で、「心の理論 (theory of mind)」がなかった。相手の意図を理解したり、相手の視点を共有したりすることがなく、自分の心の状態を相手に伝えることをしない。ふるまい（事象の状態）と心理（心の状態）の関係が予測できない。自分の視点を他者の視点に転換できないので、相手の立場に立って意味を理解することができない。

正しい行為に極度の関心をもつのはアスペルガー者の特徴である。ヴィトゲンシュタインは、その時々の「倫理的意思」で動いているが、戦場では他の兵士たちにうんざりし、学校では生徒にうんざりする。兵士になる・教師になるという外的な出来事にこだわったけれど、自分がやろうとしていることの実際を知らず、現場で柔軟に適応・対応できなかった。対象のなかに入ることも、対象を内在化することもできずに、対象の表層に付着してとどまるのが、アスペルガー症候群の特徴である。最後に、福本修の文章をそのまま引用しておこう。

〈彼の態度と問題を、単に理想主義的或いはトルストイ的ロマン主義が内包するものと見ることはできない。彼は子供の側の心の状態つまり興味や関心には殆ど注意を払わず、ついて来なければ体罰を与えた。彼は職務に献身的で自分の教育理念に忠実だったのであって、多くの生徒たちには恐れられた。彼は村人たちの生活の仕方には「殆ど同情を示さず、特にウィーンの洗練された友だち仲間の方をあからさまに大事に」していたので、一体何をしに来たのか、と訝しがられ、最後には追放された〉。

(ちなみに「アスペルガー症候群」は、DSM-Ⅳ(一九九四年)で追加されたカテゴリーだが、DSM-5(二〇一三年)では「自閉スペクトラム症/自閉症スペクトラム障害」という上位カテゴリーに吸収された。しかしそれは、ジョエル・パリスによると——Joel Paris, *Overdiagnosis in Psychiatry: How Modern Psychiatry Lost Its Way While*

Creating a Diagnosis for Almost All of Life's Misfortunes, Oxford University Press, 2015(『現代精神医学を迷路に追い込んだ過剰診断――人生のあらゆる不幸に診断名をつけるDSMの罪』村上雅昭訳、星和書店、二〇一七年）――、診断を分けるのに役立つ生物学的マーカーの発見によって記載が変更されたというわけではないし、そもそもDSMは、診断のときのレッテル貼りのツールにすぎないので、この解説では「アスペルガー症候群」を使いつづけています）

九　偉い人は転んでも、ただでは起きない

　ヴィトゲンシュタインの小学校の先生時代（教員養成学校時代も含めると一九一九―二六年）は、しばしば「失われた七年」と形容されることがある。ヴィトゲンシュタインのマニュスクリプトを収めたウィーン版全集（Wiener Ausgabe）。その「イントロダクション」巻（*Ludwig Wittgenstein Einführung*, herausgegeben von Michael Nedo, Springer-Verlag, 1993）は、二一・五cm×三三cmで一四八ページの本だが、その九―四七ページが年譜で、そのうち二二―二七ページが一九一九―二六年に割かれている。ところがその七年間で、「小学校の先生」に関する記述は、こちらが申し訳なく思うほど少なく、「哲学」関係の記述が幅をきかせている。哲学畑では、「言葉だ、言葉だ」と文字情報が偉そうな顔をして

いる。ヴィトゲンシュタインはこんなメモを残している。〈あの頓馬のトーヴィ[音楽学者・作曲家]が、こう言っている。「こういったことは、ある種の読書をモーツァルトがまったくしていなかったことと関係がある」。まるで本だけが、巨匠の音楽を決定した、とでも言いたげではないか。もちろん音楽と本には関係がある。だがモーツァルトが読書で大悲劇を知らなかったとしても、だからといって実生活で悲劇を味わわなかったのだろうか。そして作曲家は、いつも詩人の眼鏡をとおしてしか、ものを見ないのだろうか〉（『反哲学的断章』MS 138 280; 27. 2. 1949）。

一冊の本が人生を変えることもある。けれども、ニーダーエースターライヒの村で七年間、ヴィトゲンシュタインがほぼ完全なアウェー状態で毎日をすごした経験は、「一冊の本」以上の意味をもったのではないだろうか。「失われた七年」は、じつは実り豊かな七年だったのではないか。

「考えればわかるだろう」とか、「読めばわかるだろう」と突き放すタイプの人間は、小学校の先生には向いていない。ヴィトゲンシュタイン先生は、小学校の先生という属性は手に入れたけれど、多くの生徒からは敬愛されることもなく、嫌われ、恐れられ、逆に自分も生徒たちのことを軽蔑していた。教える立場（自分の正義）を信じて疑うことがなかった。ヴィトゲンシュタイン先生には、相手の立場に立つというコミュニケーションのイロハがごっ

そり抜けていた。

それは心がけの問題ではなく、福本修が指摘するように、「相手との距離がうまくとれない」からだ。多くの人は、経験によって学習して、関わり方を質的に変化させるわけだが、アスペルガー者であるヴィトゲンシュタインは、つき合う相手を限定することによって、なんとか適応を図っていた。

だが、小学校ではそうはいかない。ヴィトゲンシュタインが担当したクラスの生徒数は、トラッテンバッハでは六五人、プフベルクでは四〇人、オッタータールでは四五人だった。

そのほとんどが、ヴィトゲンシュタインの思うようにはならなかった。

それにもかかわらず、教師として嫌でも毎日のように教室で何時間も、生徒たちと顔をつき合わせるしかなかった。ヴィトゲンシュタインの「正義」は、スムーズに通用することがなく、毎日がストレスフル。トラッテンバッハ、プフベルク、ハスバッハ、オッタータールでは、毎日のように子どもたちや村人たちから、強烈なボディーブローを受けていた。しかし、そのボディーブローのおかげで、ヴィトゲンシュタインは、自分を変えることはできなくても、自分の哲学を変えることができたのではないだろうか。

アスペルガー者ドナ・ウィリアムスにとって、「生きている動物と毛皮の間に、何のつながりも感じられず……」、「牛 (cow) が群れ (herd) になると、私の頭から忽然として牛の姿が消えてしま」っていたという。

デイヴィッド・ナヴォンが空間解像度に関してやった実験を、中野信子が紹介している（http://logmi.jp/152003）。これを「普通」の人が見ると、「H型にAが並んでいる」というふうに並んでいる画像がある。これを「普通」の人が見ると、「H型にAが並んでいる」というふうに見える。ところが、分離脳患者（てんかんなどの治療で、脳梁を切断して、左右の連絡をなくした人）に見せると、どうなるか。

左半球が損傷している人は、小さいAの文字が認識できず、大きなHの字に見える。木は見えないが、森は見える。ところが、右半球が損傷している人が見ると、大きなHの文字を認識することができない。木は見えるが、森は見えない。

これは私の憶測だが、前期のヴィトゲンシュタインは「牛の群れ」しか見ていなかったが、「失われた七年」間にボディーブローを執拗に受けたおかげで、「牛の姿」が見えるようになった。すると哲学が、彼のところへやってきた。そして後期のヴィトゲンシュタインが始まったのではないだろうか。その変化を、『哲学探究』（一九五三年）の有名な文章が報告している。

実際に使われている言語をよくながめればながめるほど、実際の言語と私たちの要求は激しく対立するようになる（論理が結晶のように純粋である、ということは私の研究『論理哲学論考』のこと〕の結果ではなく、要求だったのだ）。対立は耐えがたくな

解説（丘沢静也）

ヴィトゲンシュタインは『論理哲学論考』（一九二二年）で、理想的な論理言語による結晶のようにツルツルした氷の宮殿を建てようとした。そして『論考』の完成によって、哲学のすべての問題を解決したと考え、哲学を捨てた。けれども小学校の先生になって教室で生徒たちとのコミュニケーションに苦労することによって、ツルツルの宮殿では歩くことができないことを肌で知る。

『論考』でもすでに、〈日常言語を理解するため暗黙のうちに取り決められている事柄は、とてつもなく複雑である〉（『論考』四・〇〇二）と書いているが、村人に溶け込むこともなく、土地の言葉もわからず、価値観もちがうヴィトゲンシュタインは、憂鬱な顔でじっと観察する。いやでも「生活形式」が目につくだろう。「未知の言語が私に理解できるのは、人間に共通する行動のおかげである」という翻訳の座標にも気づくようになる。セカイ系が、じつは世界を見ていないのと同様に、『論考』も、じつは世界を見ていなかった。論理によって統一された理想言語は、ヴィトゲンシュタインの「要求」であり、夢に

り、要求はむなしいものになろうとしている。——私たちはアイスバーンに入ってしまった。摩擦がないので、ある意味で条件は理想的だが、しかしだからこそ歩くことができない。私たちは歩きたい。そのためには摩擦が必要だ。ざらざらした地面に戻ろう！
（『哲学探究』一〇七）

すぎなかったのではないか。

ヴィトゲンシュタインは前期『論考』の夢を捨て、矛盾を許さない論理言語の土俵から降りて、「ざらざらした地面」に戻り、つまり、私たちの言語活動（日常言語）を相手に哲学を再開して、後期『哲学探究』を展開することになる。たとえば、『論考』の要素命題や写像理論の限界に気づいた。原子論的な言語観を捨て、「単純なもの」と「複合的なもの」という見方を疑い、「一般」や「本質」ではなく「家族的類似」という概念を導入して、具体的な「言語ゲーム」によって、問題を考えるようになった。

『哲学探究』では、「子ども」、「外国人」、「痛み」、「規則にしたがう」、「命令する」、「言葉を教える」などが話題になっている。小学校の教室でヴィトゲンシュタイン先生がやっていた言語ゲームが見え隠れしている。『論考』の世界は、「私」ひとりでも構成できた。論理言語は、一方的に語るだけの一方通行も可能で、予定調和の建物だ。だが、一方的に語られた言葉（伝わる）はちがう。一方的に語られた言葉は、行方不明にならずに、きちんと相手に届くのだろうか。『探究』の言語ゲームは、『論考』のアスペクトとはちがい、視野のなかに他者が存在している。語られた言葉が、どう理解され、どんな反応をひきおこすのか。言語ゲームは、「ねえ、聞いて。これ、どう思う？」というコミュニケーションだ。教室で自分の思い通りにならない生徒たちを相手に悪戦苦闘しているヴィトゲンシュタイ

ン先生の姿を想像しながら、『哲学探究』を読んでみよう。

　哲学は、言葉の実際の使い方に指一本、触れてはならない。哲学にできることは結局、言葉の実際の使い方を記述することだけ。

　哲学はそれを基礎づけることもできないからだ。

　哲学はどんなものでも、そのままにしておく。

　哲学は数学も、そのままにしておく。数学の発見を促進することもできない。「数学的論理学の先端的な問題」も、私たちにとっては、ほかのどの問題ともおなじように、数学の問題にすぎない。（『哲学探究』一二四）

　数学的な発見、論理数学的な発見によって矛盾を解決することは、哲学の仕事ではない。哲学の仕事は、私たちを不安にさせる数学の状態、つまり、矛盾が解決される前の状態を展望できるようにすることなのだ（展望できるようにしたからといって、困難を避けているわけではないが）。

　基本的な事実は、この場合、つぎのようなことである。まず、ゲームのルールやテクニックを定める。それから、ルールにしたがってゲームをやっていると、想定外の展開になる。だから、いわば自分のルールにひっかかって、身動きがとれなくなる。

自分のルールにひっかかって、このように身動きがとれなくなっている。そういうことこそ、私たちが理解、つまり展望したいことなのである。というのも、そういうケースでは、私たちが思っていたり、予想していたのとは、ちがった展開になるからだ。たとえば矛盾があらわれると、「こんなふうになるなんて、思ってもいなかった」と私たちは言う。

矛盾にも市民として居場所があること。または、市民社会において矛盾にも居場所があること。それが哲学のあつかう問題なのだ。（『哲学探究』一二五）

ニーダーエースターライヒの村の小学校で、ヴィトゲンシュタインは、当時の新しい教育運動「子どもの側から」に背を向けて、一方通行の先生だった。子どもの心や興味には注意を払わず、自分の思い通りにならなければ罰をあたえた。村人の生活にも共感できず、ウィーンの洗練された友人を大事にした。一方通行の空回りで、たえずボディーブローを浴びていた。

でも、偉い人は転んでも、ただでは起きない。自分を変えることはできなくても、自分の哲学を変えるきっかけをつかんだのではないだろうか。ニーダーエースターライヒ時代は、あいかわらず苦しみ悩みながらのアスペクトへの転換。『論考』のアスペクトから『探究』

も、実り豊かな七年だったのではないか。『小学生のための正書法辞典』は、そんなヴィトゲンシュタインのアスペクト転換を予告する、ささやかな記念碑である。

参考文献

この解説を書くにあたって、おもに引用・参照した文献を挙げておきます。

Monk, Ray 1990, *Ludwig Wittgenstein: The Duty of Genius*, Jonathan Cape.（レイ・モンク『ウィトゲンシュタイン——天才の責務』全二冊、岡田雅勝訳、みすず書房、一九九四年）

Wittgenstein, Ludwig 1922 (1989, 2003), *Logisch-philosophische Abhandlung [=Tractatus logico-philosophicus]*, Routledge & Kegan Paul, 1922; Kritische Edition, herausgegeben von Brian McGuinness und Joachim Schulte, Suhrkamp, 1989; nochmals durchgesehen von Joachim Schulte, Suhrkamp, 2003.（ヴィトゲンシュタイン『論理哲学論考』丘沢静也訳、光文社（光文社古典新訳文庫）、二〇一四年）

—— 1926 (1977), *Wörterbuch für Volksschulen*, mit einer Einführung herausgegeben von Adolf Hübner, Werner und Elisabeth Leinfellner, Hölder-Pichler-Tempsky, 1977.

—— 1953 (2009), *Philosophische Untersuchungen*, herausgegeben von G. E. M. Anscombe und R. Rhees, Basil Blackwell, 1953; Vierte Edition, herausgegeben von

P. M. S. Hacker und Joachim Schulte, Blackwell Publishing (Wiley-Blackwell), 2009. (ルートヴィヒ・ヴィトゲンシュタイン『哲学探究』丘沢静也訳、岩波書店、二〇一三年)

——1977 (1994), *Vermischte Bemerkungen, eine Auswahl aus dem Nachlaß*, herausgegeben von Georg Henrik von Wright unter Mitarbeit von Heikki Nyman, Suhrkamp, 1977; Neubearbeitung des Textes durch Alois Pichler, Suhrkamp, 1994. (ルートヴィヒ・ヴィトゲンシュタイン『反哲学的断章——文化と価値』丘沢静也訳、青土社、一九九九年)

Wittgenstein. Sein Leben in Bildern und Texten, herausgegeben von Michael Nedo und Michele Ranchetti, Suhrkamp, 1983.

Wünsche, Konrad 1985, *Der Volksschullehrer Ludwig Wittgenstein: mit neuen Dokumenten und Briefen aus den Jahren 1919 bis 1926*, Suhrkamp.

福本修 一九九六、「心の理論」仮説と『哲学探究』——アスペルガー症候群［から/を］見たウィトゲンシュタイン」、『イマーゴ』第七巻第一一号（一九九六年一〇月号）。

＊ここに挙げた文献のなかで、とくにお世話になったのは、復刻版『小学生のための正書法辞典』の編者A・ヒュープナーの「イントロダクション」と、K・ヴュンシェの『小学校の先生ルートヴィヒ・ヴィトゲンシュタイン』です。この二点からの情報がなければ、この解説は書くことができませんでした。

＊『小学生のための正書法辞典』の原文には、明らかにミスプリントや勘違いと思われるものが、いくつかあります。それらについては、いちいち断ることなく、そっと修正しておきました。

＊今日の感覚では、明らかに差別的な表現が含まれていますが、この辞典が刊行された時代環境を考え、そのままにしてあります。差別の助長を意図するものではありません。

＊講談社学術文庫の『小学生のための正書法辞典』は、思想史学者で編集者の互盛央さんの力がなければ、おそらく絶対に実現しなかった企画です。この翻訳は、岩波書店『思想』編集長時代の互さんに相談していたものですが、互さんの講談社への移籍にともない、学術文庫に収められることになりました。互さんには編集も担当していただきました。ありがとうございました。

der **Zwicker**［鼻眼鏡］
der **Zwieback**［ラスク］
die **Zwiebel**［タマネギ］, zwiebeln［しつこくいじめる］
das **Zwielicht**［薄明かり］
das **Zwiesel**［二股に分かれた枝］
der **Zwilch**［ドリル織り］
der **Zwilling**［ふたご］
    zwingen［強制する］, zwang［過去基本形］, gezwungen［過去分詞］
der **Zwinger**［猛獣の檻（おり）］
    zwinkern［目をしばたたく］
der **Zwirn**［より糸］, zwirnen［糸をよりあわせる］
    zwischen［…の間］
    zwitschern［さえずる］
    zwölf［12］, die zwölfte Stunde［ぎりぎりの時間］
der **Zylinder**［円柱、シリンダー］, zylindrisch.［円筒形の］

die **Zunge** [舌], **züngeln** [舌をちょろちょろ出す]
    zupfen [(つまんで) 引っぱる]
    zur […へ：前置詞と定冠詞の融合形] = zu der
    zurecht [正しく]
    zurück [後ろへ、元の場所へ], **zurückkehren** [戻る]
    zusammen [いっしょに]
der **Zusatz** [追加 (物)], **Z**usätze [複数形]
    zusehends [見る見るうちに]
der **Zustand** [状態], **Z**ustände [複数形]
    zustande bringen [成功させる]
    zuständig [権限のある]
das **Zutrauen** [信頼], **zutraulich** [信頼しきった]
    zuverlässig [信用できる]
    zuviel [多すぎる]
    zuwege bringen [なしとげる]
    zuwider [いやな]：unangenehm [不快な]
der **Zwang** [強制], **zwängen** [無理やり押し込む]
    zwanzig [20], der **Z**wanziger [20代の男性]
    zwar [たしかに]
der **Zweck** [目的], **zwecklos** [むだな]
die **Zwecke** [鋲釘] = Schuhnagel [靴釘]
    zweckmäßig [目的にかなった]
    zwei [2], die Zwei [数字の2] = der **Z**weier [数字の2]；zweierlei [二種類の], zweifach [二重の], zweimal [二度], zweite [二番目の], zu zweit [二人で]
    zweideutig [あいまいな]
der **Zweifel** [疑い], **zweifeln** [疑う]
der **Zwerg** [こびと]
die **Zwetschke** [プラム]
der **Zwickel** [(服の) まち]
    zwicken [つねる]

  zudringlich［押しつけがましい］
  zu dritt［三人で］, **zu zweit**［二人で］
  zueinander［互いに］
  zuerst［まず最初に］
der **Zufall**［偶然］, **zufällig**［偶然の］, **zufälligerweise**［偶然に］
  zufrieden［満足した］, die **Zufriedenheit**［満足］
  zu Fuß［歩いて］
der **Zug**［列車、行列、すきま風］, Züge［複数形］, **zugig**［すきま風の入る］
  zugänglich［近づきやすい］
der **Zügel**［手綱］, **zügeln**［手綱を引く］
  zugleich［同時に］
  zugrunde［底まで］, zugrunde gehen［破滅する］
das **Zugtier**［車などを引く動物］
  zu Hause［家で］
  zuhören［耳を傾ける］
die **Zukost**［付け合わせ］
die **Zukunft**［未来］, **zukünftig**［未来の］
  zuleide［苦しめるために］
  zuletzt［最後に］
  zulieb［…のために］
  zum［…へ：前置詞と定冠詞の融合形］＝ zu dem
  zunächst［まず第一に］
die **Zunahme** (von **zunehmen**)［増加（動詞zunehmen「増える」から）］
der **Zuname**［姓］：**Vatername**［名字］
  zündeln［火遊びする］
  zünden［点火する］, der **Zünder**［点火装置］, **Zündholz**［マッチ］
der **Zunder**［火口（ほくち）］
die **Zunft**［ツンフト（手工業者の同業組合）］, Zünfte［複数形］, **zünftig**［ツンフトの、本格的な］

der **Zimt** [シナモン]
das **Zink** [亜鉛]
die **Zinke** [(フォーク、くしなどの) 歯]
das **Zinn** [錫], **verzinnen** [錫メッキをする], **zinnernes Geschirr** [錫の食器]
der **Zins** [利子], die **Zinsen** [複数形], **verzinsen** [利子をつける]
der **Zipfel** [(布や服の) 端]
　　zirka [およそ] = **ungefähr** [およそ]
der **Zirkel** [コンパス], **zirkeln** [コンパスで測る]
der **Zirkus** [サーカス], **-kusse** [複数形]
　　zirpen [(コオロギ・セミが) じーじー鳴く]
　　zischen [シュッという音を立てる]
die **Zither** [ツィター]
die **Zitrone** [レモン]
　　zittern [震える]
die **Zitze** [乳首]
　　zivilisiert [礼儀正しい]
　　zögern [ためらう]
der **Zögling** [(全寮制の学校の) 生徒]
der **Zoll** [関税], **Zölle** [複数形], **zollfrei** [免税の]
der **Zopf** [お下げ髪], **Zöpfe** [複数形]
der **Zorn** [怒り], **zornig** [怒った]
die **Zotte**, die **Zottel** [もじゃもじゃの毛の房], **zottig** [もじゃもじゃの]
　　zu […へ、あまりに…すぎる、閉じた], **auf und zu** [開けたり閉じたり]
die **Zucht** [飼育、栽培], **züchten** [飼育する、栽培する]
　　züchtigen [こらしめる], die **Züchtigung** [体罰]
das **Zuchttier** [種畜]
　　zucken [ぴくぴく動く]
der **Zucker** [砂糖], **zuckern** [砂糖で甘くする], **Zuckerl** [ボンボン]

zerreißen [引き裂く], ~riß [過去基本形], ~rissen [過去分詞]
zerren [引っぱりだす], die **Zerrung** [無理に引っぱること]
zerstören [破壊する]
zerstreuen [まきちらす], **zerstreut** [散漫な], die **Zerstreuung** [気晴らし]
zerstückeln [細かく刻む]
zertrümmern [粉々にする]
zerzausen [(髪を) くしゃくしゃにする]

der **Zettel** [紙切れ、メモ用紙]
das **Zeug** [道具]
der **Zeuge** [目撃者、証人], **zeugen** [証言する]
das **Zeugnis** [証明書], ~nisse [複数形]
die **Zibebe** [レーズン]
die **Zichorie** [チコリ]
die **Ziege** [ヤギ], **Ziegenbock** [雄ヤギ]
der **Ziegel** [レンガ], die **Ziegelei** [レンガ工場]
ziehen [引く], **zog** [過去基本形], **gezogen** [過去分詞], ich **ziehe** [私は引く], du **ziehst** [君は引く], **zieht** [現在人称変化 (3人称単数・2人称複数)], **zieh!** [引け！：命令形] die **Ziehung** [くじ引き]
die **Ziehharmonika** [アコーディオン]
das **Ziel** [目標], **zielen** [ねらう]
ziemlich [かなり]
zieren [飾る], die **Zierde** [飾り]
zierlich [きゃしゃな]
die **Ziffer** [数字]
die **Zigarette** [紙巻きタバコ], die **Zigarre** [葉巻]
der **Zigeuner** [ロマ]
das **Zimmer** [部屋]
der **Zimmermann** [大工], **zimmern** [大工仕事をする]
zimperlich [神経過敏な]

die **Zeche** [飲食代], **zechen** [(仲間と) 酒盛りをする]
die **Zecke** (Tier) [ダニ (動物)], der **Zeck** [ダニ]
die **Zehe** [足の指]
  zehn [10], der **Zehner** [数字の10], das **Zehntel** [10分の1], **zehnmal** [10回], **zehnte** [10番目の]
das **Zeichen** [合図]
  zeichnen [スケッチする], die **Zeichnung** [スケッチ]
  zeigen [示す], der **Zeiger** [(時計の) 針]
die **Zeile** [行]
der **Zeisig** [マヒワ (鳥)]
die **Zeit** [時間], **seinerzeit** [当時], eine **Zeitlang** [しばらくの間]
  zeitig [早めの], **zeitlich** [時間の]
die **Zeitung** [新聞]
  zeitweilig [一時的な], **zeitweise** [一時的に]
die **Zelle** [(隔離された) 小部屋]
das **Zelluloid** [セルロイド]
das **Zelt** [テント]
das **Zeltel** (Zuckerl) [ボンボン (ボンボン)]
der **Zement** [セメント], **zementieren** [セメントで固める]
der **Zentimeter** [センチメートル] = 1/100m
der **Zentner** [ツェントナー] = 100kg
die **Zentrale** [本部]
die **Zentrifuge** [遠心分離機], **zentrifugieren** [遠心分離機にかける]
das **Zentrum** [中心、センター], die **Zentren** [複数形]
das **Zepter** [王笏]
  zer... [zer...：前つづり]
die **Zeremonie** [セレモニー]
  zerfetzen [ずたずたに引き裂く]
  zerknittern [しわくちゃにする]
  zerlumpt [(服が) ぼろぼろの]
  zermalmen [押しつぶす]

Y.

das **Ypsilon** [ユプシロン]

Z.

die **Zacke** [とがった先端], **zackig, gezackt** [ぎざぎざの]
  zaghaft [臆病な], die **Z**aghaftigkeit [臆病なこと]
  zäh [粘り気のある], die **Z**ähigkeit [粘り強さ]
die **Zahl** [数], **zählen** [数える], die **Z**ählung [計算]
  zahlen [支払う], die **Z**ahlung [支払い]
  zahlreich [多数の]
  zahm [飼いならされた], **zähmen** [飼いならす], die **Z**ähmung [飼いならすこと]
der **Zahn** [歯], Zähne [複数形], zahnlos [歯のない], das **Z**ahnweh [歯痛], Zahnrad [歯車]
die **Zange** [ペンチ]
der **Zank** [口論], **zanken** [口げんかをする]
der **Zapfen** [(樽などの) 栓], **zapfen** [栓を抜いて注ぐ] = abzapfen [栓を抜いて注ぐ]; das **Z**äpfchen [小さい栓]
  zappeln [手足をばたつかせる], **zapp(e)lig** [落ち着きのない]
  zart [きゃしゃな, やさしい], zarter [比較級]
  zärtlich [愛情のこもった], die **Z**ärtlichkeit [深い愛情]
der **Zauber** [魔法], **zaubern** [魔法をかける], der **Z**auberer [魔法使い]
  zaudern [ためらう]
der **Zaum** (Gebiß) [馬勒 (はみ)], Zäume [複数形], **zäumen** (Pferd) [馬勒をつける (馬)]
der **Zaun** (Gartenzaun) [垣根 (庭の垣根)], Zäune [複数形], **zäunen** [垣根をめぐらす] = einzäunen [垣根でかこう]
  zausen [かきむしる]
das **Zebra** [シマウマ], Zebras [複数形]

die **Wucht** [重み], **wuchtig** [重みのある]
wühlen [穴を掘る]
der **Wulst** [腫れ], Wülste [複数形]
wund [傷ついた], die **Wunde** [傷]
das **Wunder** [奇跡], **wunderbar** [すばらしい]
wunderlich [奇妙な]
wundern [驚かせる], es wundert mich [私は驚く]
der **Wunsch** [望み], Wünsche [複数形], **wünschen** [望む], gewünscht [望みの]
wurde, **würde** (von werden) […になった：過去基本形、…するのだが：接続法第Ⅱ式（動詞werden「…になる」から）]
die **Würde** [威厳], **würdig** [おごそかな]
der **Wurf** [投げること], Würfe [複数形]
der **Würfel** [さいころ、立方体], **würfeln** [さいころを振る]
würgen [首を絞める], **erwürgen** [絞め殺す]
der **Wurm** [（細長い）虫], Würmer [複数形], **wurmig** [虫食いの]
wurmen [怒らせる], es wurmt mich [しゃくにさわる]
wurmstichig [虫食いの]
die **Wurst** [ソーセージ], Würste [複数形], das Würstel [ウインナー]
der **Wurstel** [道化]
wursteln [だらだら働く]
die **Würze** [香辛料], **würzen** [（香辛料で）味付けする]
die **Wurzel** [根], **wurzeln** [根づく]
wurzen [搾取する] = jemanden wurzen [ある人を搾取する]
wüst [荒れ果てた]
die **Wüste** [砂漠]
die **Wut** [激しい怒り], **wüten** [怒り狂う], **wütend** [怒り狂った], **wütig** [激怒した]

X.

Xaver (Name) [クサーヴァー（名前）]

小学生のための正書法辞典 [W]

    wohl [健康に], unwohl [気分の悪い], das Wohl [幸せ、健康]
    wohl [たぶん], obwohl […にもかかわらず], sowohl […も]
    wohlhabend [裕福な]
    wohlriechend [よい香りの]
das **Wohlsein** [健康], zum Wohlsein [健康を祈って、お大事に]
die **Wohltat** [慈善], der Wohltäter [慈善家]
    wohnen [住んでいる], die Wohnung [住まい]
    wölben [アーチ形にする], die Wölbung [アーチ]
der **Wolf** [狼], Wölfe [複数形]
    Wolfgang [ヴォルフガング]
die **Wolke** [雲], wolkenlos [雲ひとつない]
die **Wolle** [ウール], wollen [ウールの] = aus Wolle [ウール製の]；wollene Jacke [ウールの上着], **wollig** [ウールの、もじゃもじゃの]
    wollen […するつもりだ、望む], wollte [過去基本形], gewollt [過去分詞], ich will [私は望む], du willst [君は望む]
    womit [何をつかって]
    womöglich [もしかすると]
    woran [何に接して]
    worauf [何の上に], **woraus** [何から]
    worin [何のなかに]
das **Wort** [単語、言葉], Worte u. Wörter [Worte および Wörter：複数形]
    wörtlich [言葉どおりの]
    worüber [何の上に]
    worunter [何の下に]
    wovon [何から], **wovor** [何の前に]
    wozu [何のために]
der **Wucher** [暴利], wuchern [生い茂る], der Wucherer [暴利をむさぼる人]
der **Wuchs** [生長、若木], Wüchse [複数形]

der **Winkel** [角度、隅], **wink(e)lig** [角のある]
 winseln [(犬が) くんくん鳴く]
der **Winter** [冬], **winterlich** [冬の], **überwintern** [冬を越す]
 winzig klein [ちっぽけな]
der **Wipfel** [こずえ]
 wir [私たちは：1格]
der **Wirbel** [渦], **wirbeln** [渦を巻く]
 wirken [作用する], die **Wirkung** [作用]
 wirklich [現実の], die **Wirklichkeit** [現実]
 wirr [混乱した], der **Wirrwarr** [混乱]
der **Wirsing** (Kohl) [サボイキャベツ (キャベツ)]
der **Wirt** [(飲食店・旅館の) 主人], die **Wirtin** [(飲食店・旅館の) 女主人、おかみ], ‑**innen** [女主人、おかみ：複数形]
die **Wirtschaft** [経済], **wirtschaftlich** [経済の]
das **Wirtshaus** [(食堂をかねた) 宿屋], ‑**häuser** [複数形], die **Wirtsleute** [(飲食店・旅館の) 主人夫婦]
der **Wisch** [(つまらないことが書かれた) 紙切れ]
 wischen [ぬぐう]
 wispeln, wispern [ささやく]
 wissen [知っている], **wußte** [過去基本形], **gewußt** [過去分詞], **ich weiß** [私は知っている], **du weißt** [君は知っている]
die **Wissenschaft** [学問、科学]
 wittern [(猟犬が獲物の) においを嗅ぎつける]
die **Witterung** [(ある期間の) 天気]
die **Witwe** [未亡人], der **Witwer** [男やもめ]
der **Witz** [冗談、ウィット], **witzig** [機知に富んだ]
 wo [どこに、どこで], **woanders** [どこか他の場所で]
die **Woche** [週], **wochenlang** [何週間も]
 wöchentlich [毎週の]
 wodurch [何によって], **wofür** [何のために]
 woher [どこから], **wohin** [どこへ]

wiegte［過去基本形］, gewiegt［過去分詞］
wiegen (Gewicht)［重さを量る（重さ）］, wog［過去基本形］, gewogen［過去分詞］
wiehern［(馬が) いななく］
Wien［ウィーン］
die **Wiese**［草地］
das **Wiesel**［イタチ］
wieso?［どうして？］
wieviel［どのくらい多くの］, wievielte［何番目の］, wievielmal［何回］
das **Wild**［野生の動物］
wild［野生の］, der Wilde［未開人］
der **Wilderer**［密猟者］, wildern［密猟する］
der **Wildfang**［わんぱく小僧］, ⸗fänge［複数形］
wildfremd［見ず知らずの］
das **Wildschwein**［イノシシ］
Wilhelm［ヴィルヘルム］, Wilhelmine［ヴィルヘルミーネ］
der **Wille**［意志］, **willig**［自発的な］
Willi (von Wilhelm)［ヴィリー（ヴィルヘルムから）］
willkommen［歓迎される］
willkürlich［恣意的な］
wimmeln［ひしめいている］
wimmern［しくしく泣く］
die **Wimper**［まつげ］
der **Wind**［風］, windig［風のある］
die **Winde**［ウインチ］, aufwinden［巻き上げる］
die **Windel**［おむつ］
winden［巻く］, wand［過去基本形］, gewunden［過去分詞］, die Windung［蛇行］
windig［風のある］
der **Wink**［合図］, **winken**［合図する］

die **Weste** [ベスト（服）]
　weswegen [なぜ]
die **Wette** [賭け], **wetten** [賭けをする]
das **Wetter** [天気], **wettern** [雷雨である]
das **Wetterleuchten** [稲妻]
der **Wettlauf** [競走], **wettlaufen** [競走する]
　wetzen [研ぐ], **wetzte** [過去基本形], **gewetzt** [過去分詞]
die **Wichse** [つや出しワックス], **wichsen** [磨く]
　wichtig [重要な], die **Wichtigkeit** [重要性]
　wickeln [巻く], der **Wickel** [湿布、巻いたもの]
der **Widder** (Schaf) [雄羊（羊）]
　(**wider** = **gegen**) [逆らって＝反対して], *aber*: **wieder** = **nochmals** [ただし：ふたたび＝もう一度]
der **Widerhaken** [（釣り針、矢じりなどの）逆鉤（さかさかぎ）]
der **Widerhall** [こだま], **widerhallen** [こだまする]
　widerlich [不快な]
　widerspenstig [反抗的な]
　widersprechen [反論する、矛盾する]
der **Widerstand** [抵抗], ≈**stände** [複数形]
　widerwärtig [不愉快な]
　widerwillig [しぶしぶ]
　widmen [ささげる]
　wie [どのような], **wieviel** [どのくらい多くの], **wievielte** [何番目の], **wieso** [どうして]
　wieder [ふたたび] = **nochmals** [もう一度]
　wiederholen [くり返す], die **Wiederholung** [くり返し]
　wiederkäuen [反芻する], der **Wiederkäuer** [反芻動物]
　wiederkehren [帰ってくる]
　wiedersehen [再会する], auf **Wiedersehen** [さようなら]
　wiederum [ふたたび]
die **Wiege** [揺りかご], **wiegen** [揺り動かす] = **schaukeln** [揺する]；

wen [誰を], der Wenfall [対格、4格]

die **Wendeltreppe** [螺旋（らせん）階段]

wenden [裏返す、向きをかえる], die Wendung [方向転換]

wenig, wenige, weniges [わずかな], weniger [比較級], am wenigsten [最上級]

wenigstens [少なくとも]

wenn (Bindewort) […するとき、もし…ならば（接続詞）], wenn ... so ... [もし…ならば、…だ]; in der Mundart: wann [方言では：wann]

wer [誰が], der Werfall [主格、1格]

werben [宣伝する], warb [過去基本形], geworben [過去分詞], du wirbst [君は宣伝する], wirbt [現在人称変化（3人称単数）]

werden […になる], wurde [過去基本形], geworden [過去分詞], du wirst [君は…になる], er wird [彼は…になる], würde [接続法第Ⅱ式]

werfen [投げる], warf [過去基本形], geworfen [過去分詞], ich werfe [私は投げる], du wirfst [君は投げる], wirft [現在人称変化（3人称単数）], wirf! [投げろ！：命令形]

das **Werg** [麻くず] = Flachs [亜麻], Hanf [麻]

das **Werk** [仕事、作品、工場] = Arbeit [仕事], Fabrik [工場], Eisenwerk [製鉄所], Buch [本]

das **Werkel** [手回しオルガン]

die **Werkstatt** [作業場], -stätten [複数形], die Werkstätte [作業場]

das **Werkzeug** [道具]

der **Wert** [価値], **wert** [価値がある], nichts wert [何の価値もない], wertlos [価値のない]

das **Wesen** [本質]

weshalb [なぜ]

die **Wespe** [スズメバチ]

wessen [誰の], der Wesfall [属格、2格]

der **West** [西], der Westen [西], nach Westen [西へ], westlich [西の]

weichen [退く、屈する] = ausweichen [よける]; wich [過去基本形], gewichen [過去分詞]
weichlich [軟弱な]
die **Weichsel** [ヴィスワ川]
die **Weide** [牧草地], **weiden** [(家畜が牧草地で) 草を食べる]
weigern [拒む]
die **Weihe** [聖別式], **weihen** [聖別する]
die **Weihnachten** [クリスマス]
der **Weihrauch** [香煙], Weihwasser [聖水]
weil […であるから]
die **Weile** [しばらくの間], eine kleine Weile [ちょっとの間]
der **Wein** [ワイン], die **Weinlese** [葡萄の収穫]
weinen [泣く], **weinerlich** [泣きそうな]
weiß [白い], **weißlich** [白っぽい], **weißen** [白く塗る]
weise (gescheit) [賢い (頭がよい)], die **Weisen** aus dem Morgenlande [東方の三博士], die **Weisheit** [知恵]
die **Weise** [やり方] = die Art und Weise [方法]
weisen [指し示す] = zeigen [示す]; **wies** [過去基本形], gewiesen [過去分詞], du weist [君は指し示す]
weismachen [信じ込ませる] = anschwindeln [だます]; **weissagen** [予言する]
weit [広い], **weitaus** [はるかに], die **Weite** [広さ]
weiter [さらに先へ]
weitschichtig verwandt [遠縁の]
weitsichtig [遠視の]
der **Weizen** [小麦]
welcher, welche, welches [どの…]
welk [しおれた], **welken** [しおれる]
die **Welle** [波], **wellig** [波形の] = gewellt [波形模様の]
die **Welt** [世界], der **Weltteil** [大陸]
wem [誰に], der **Wemfall** [与格、3格]

die **Wäsche** [洗濯物], die **Wäscherin** [洗濯女], ‑**innen** [洗濯女：複数形]
 waschen [洗う], wusch [過去基本形], gewaschen [過去分詞], du wäschst [君は洗う], wäscht [現在人称変化（3人称単数）], das **W**aschbecken [洗面器]
der **Wasen** [芝]
das **Wasser** [水], **wässern** [水につける], **wässerig** [水分の多い], wasserdicht [防水の]
die **Watsche** [平手打ち] = Ohrfeige [平手打ち]
 watscheln [よちよち歩く]
die **Watte** [綿], **watt**ieren [綿を詰める]
 weben [織る], der **W**eber [織工], der **W**ebstuhl [機織り機]
der **Wechsel** [交替, 交換], **wechseln** [取り替える]
der **Weck** oder **Wecken** [Weck または Wecken：細長い小型の白パン]
 wecken [起こす], der **W**ecker [目覚まし時計]
der **Wedel** [はたき], **wedeln** [振る]
 weder — noch […でもなく…でもない]
der **Weg** [道], Wegweiser [道しるべ]
 weg [離れて] = **fort** [去って]; geh weg! **weg**bringen, **weg**gehen usw. [うせろ！, 持ち去る, 立ち去る, など]
 wegen […のために], meinetwegen [私のために]
 weh [痛い], weh tun [痛む]
 wehe! [ああ痛い（悲しい）！, 災いあれ！] wehe dir! [お前に災いあれ！]
 wehen [(風が) 吹く], wehte [過去基本形], geweht [過去分詞]
das **Wehr** [堰] = Mühlenwehr [水車用の堰]
 wehren [妨げる], sich wehren [抵抗する]
das **Weib** [女], **weiblich** [女の]
 weich [柔らかい], **weichen** [(液体にひたして) 柔らかくする] = aufweichen [柔らかくする]; weichte [過去基本形], geweicht [過去分詞]

wallfahren：巡礼する], der **Wallfahrer**［巡礼者］

Walter［ヴァルター］

die **Walze**［円柱］, walzen［平たく延ばす］, du walzt［君は平たく延ばす］

wälzen［転がす］, du wälzt［君は転がす］

der **Walzer**［ワルツ］

die **Wampe**［太鼓腹］, wampig［腹の出た］

die **Wand**［壁］, Wände［複数形］

wandeln［変える、ぶらつく］, verwandeln［変える］

wandern［歩き回る］, der Wanderer［さすらい人］, die Wanderung［ハイキング］

die **Wandlung**［変化］

die **Wange**［頬 (ほお)］

wankelmütig［気まぐれな］

wanken［揺れる］

wann［いつ］

die **Wanne**［たらい、バスタブ］

der **Wanst**［太鼓腹］, Wänste［複数形］

die **Wanze**［ナンキンムシ］

das **Wappen**［紋章］

ich **war**, er war, **wäre** (von **sein**)［私は…だった、彼は…だった、…であるだろう（動詞 sein「…である」から）］

die **Ware** (des Kaufmannes)［商品（商人の）］

warm［暖かい］, die **Wärme**［暖かさ］, wärmen［温める］

warnen［警告する］, die **Warnung**［警告］

die **Warte**［望楼］＝ Aussichtsturm［展望塔］

warten［待つ］

der **Wärter**［世話係］

warum［なぜ］

die **Warze**［いぼ］

was［何］

wachsen [育つ], wuchs [過去基本形], gewachsen [過去分詞], du wächst [君は成長する]

das **Wachstum** [成長]

die **Wacht** [監視], der Wächter [監視人]

wackeln [ぐらぐらする], **wack(e)lig** [ぐらぐらした]

die **Wade** [ふくらはぎ]

die **Waffe** [武器]

die **Wa[a]ge** [はかり], **wägen** [重さをはかる] = abwägen [重さをはかる]; wog [過去基本形], gewogen [過去分詞]

der **Wagen** [車], die Wagen [複数形]

der **Waggon** [車両] = Eisenbahnwagen [鉄道の車両]

der **Wagner** [車大工]

wagrecht [水平の]

die **Wahl** [選択、選挙], **wählen** [選ぶ]

der **Wahnsinn** [狂気], wahnsinnig [気の狂った]

wahr [本当の] = richtig [正しい、真の]; die **Wahrheit** [真実]; *aber*: ich war ... [ただし：私は…だった]

während […のあいだ]

wahrhaft [真の], wahrhaftig [本当に]

wahrnehmen [知覚する], die **Wahrnehmung** [知覚]

wahrsagen [占う], der **Wahrsager** [占い師]

wahrscheinlich [おそらく], die **Wahrscheinlichkeit** [見込み、確率]

die **Währung** [通貨]

die **Waise** [孤児] = elternloses Kind [両親のいない子ども]

der **Wald** [森], Wälder [複数形], waldig [森林におおわれた], die Waldung [森林地帯]

walken [(布を製造過程で) 洗って密にする]

der **Wall** [土塁], Wälle [複数形]

wallen [沸き立つ]

die **Wallfahrt** [巡礼], wallfahrten oder wallfahren [wallfahrten または

vorhin [さきほど], im vorhinein [前もって]

vorige [以前の], das vorige Mal [前回]

vorläufig [仮の]

der **Vormittag** [午前], heute vormittag [きょうの午前中に], vormittags [午前中に]

der **Vormund** [後見人], ⸗münder [複数形]

der **Vorname** [ファーストネーム] : Taufname [洗礼名]

vorn(e) [前に], von vorn(e) [前方から]

vornehm [身分の高い]

der **Vorrat** [蓄え], ⸗räte [複数形], **vorrätig** [蓄えてある]

die **Vorrichtung** [装置]

vors […の前へ：前置詞と定冠詞の融合形] = vor das

der **Vorschlag** [提案], ⸗schläge [複数形], **vorschlagen** [提案する]

die **Vorsicht** [用心], **vorsichtig** [用心深い]

vorstellen [前に置く、紹介する], die **Vorstellung** [紹介、想像、上演]

der **Vorteil** [長所、利益]

der **Vortrag** [講演], ⸗träge [複数形]

vorüber [通りすぎて]

der **Vorwand** [口実], ⸗wände [複数形]

vorwärts [前へ]

vorzüglich [すぐれた]

der **Vulkan** [火山] = feuerspeiender Berg [火を吐く山]

W.

die **Wabe** [蜂の巣]

wach [目覚めた], **wachen** [目を覚ましている], aufwachen [目を覚ます]

die **Wache** [見張り], der **Wachmann** [番人、(方言で) 警官]

das **Wachs** [ろう], **wächsern** [ろう製の]

wachsam [用心深い], die **Wachsamkeit** [用心深いこと]

Vize... [副…], der **Vize**bürgermeister, **Vize**präsident usw. [副市長、副大統領など]

der **Vogel** [鳥], Vögel [複数形]

das **Volk** [民族、国民、民衆], Völker [複数形]

die **Volksschule** [小学校], Volksschüler [小学生]

volkstümlich [民族の、国民の、大衆的な]

voll [いっぱいの], völlig [まったくの]

vollenden [完成する]

völlig [まったくの]

vollkommen [完全な]

der **Vollmond** [満月]

vollständig [全部そろった]

von […から], **vom** […から：前置詞と定冠詞の融合形] = von dem

voneinander [おたがいに]

vor […の前], **vors** […の前へ：前置詞と定冠詞の融合形] = vor das

voran [先頭に]

voraus [先に], voraussagen [予言する]

vorbei [通りすぎて], vorbeigehen [通りすぎる]

vorbereiten [準備する]

Vorder... [前…], **Vorder**achse [前車軸], **Vorder**fuß [前足], **Vorder**rad [前輪]

vordere [前の], vorderste [いちばん前の：最上級]

vorderhand [さしあたり] = einstweilen [さしあたり]

vorerst [まず最初に、さしあたり]

der **Vorgesetzte** [上司]

vorgestern [おととい]

vorhanden sein [手元にある]

der **Vorhang** [カーテン], ‑hänge [複数形]

vorher [以前に], **vorherig** [以前の]

verwechseln [取り違える], die **Verwechslung** [取り違え]
der **Verweis** [叱責], **verweisen** [しかる] = tadeln [非難する];
　~**wies** [過去基本形], ~**wiesen** [過去分詞]
verwenden [使う], die **Verwendung** [使用]
verwirren [もつれさせる], **verwirrt** [もつれた]
verwittern [風化する], die **Verwitterung** [風化]
verwöhnen [甘やかす]
verzagen [弱気になる], **verzagt** [弱気な]
verzehren [(食べ物を) 平らげる、消耗させる]
das **Verzeichnis** [目録], ~**nisse** [複数形]
verzeihen [許す], ~**zieh** [過去基本形], ~**ziehen** [過去分詞], die **Verzeihung** [許し]
verzichten [あきらめる]
verzieren [飾る], die **Verzierung** [装飾]
der **Vetter** [いとこ]
der **Viadukt** [陸橋]
das **Vieh** [家畜], der **Viehhof** [屠畜場]
viel, **viele**, **vieles** [多くの]
vielerlei [いろいろな], **vielfach** [何倍もの]
vielleicht [もしかすると]
vielmals [何度も]
vier [4], die **Vier** [数字の4] = der **Vierer** [数字の4]; **vierfach** [四倍の], **vierte** [四番目の], das **Viertel** [4分の1]
die **Viertelstunde** [15分]
vierzehn [14], **vierzig** [40]
Viktor [ヴィクトール], **Viktoria** [ヴィクトーリア]
die **Villa** [ヴィラ], **Villen** [複数形]
violett [スミレ色の]
die **Violine** [バイオリン]
visieren [ねらいを定める]
die **Visite** [回診]

形]、=schlissen [過去分詞]
verschnupft [鼻風邪をひいた]
verschwenden [浪費する], der Verschwender [浪費家], die Verschwendung [浪費]
verschwinden [消える], =schwand [過去基本形], =schwunden [過去分詞]

das **Versehen** [ミス], aus Versehen [うっかりして]
versöhnen [仲直りさせる], die Versöhnung [仲直り]
verspäten [遅れる], die Verspätung [遅れ]

das **Versprechen** [約束], versprechen [約束する]
der **Verstand** [理解力], verständig [理解力のある]
verständigen [知らせる], die Verständigung [通知]
verstauchen [捻挫する], die Verstauchung [捻挫]

das **Versteck** [隠れ場所], verstecken [隠す]
verstehen [理解する], =stand [過去基本形], =standen [過去分詞], =stehst [現在人称変化（2人称単数）], =steht [現在人称変化（3人称単数・2人称複数）]

der **Versuch** [試み、実験], versuchen [試みる]
verteidigen [守る]
vertilgen [根絶やしにする]

der **Vertrag** [契約], Verträge [複数形]
vertragen [耐える], =trug [過去基本形], **verträglich** [消化しやすい]
vertun [むだにする], vertan [過去基本形]
verwahren [保管する], die Verwahrung [保管]
verwaist [孤児になった] ＝ elternlos [両親のいない], verlassen [見捨てられた]
verwalten [管理する], der Verwalter [管理人]
verwandeln [変える], die Verwandlung [変化]
verwandt [親戚の], der Verwan**dt**e [親戚], die Verwan**dt**schaft [親戚、類似性]

verkutzen［のみ込む］
verlangen［求める］
der **Verlaß**［信頼］, **verläßlich**［信頼のおける］
verlassen［去る］, =**ließ**［過去基本形］, =**läßt**［現在人称変化（2人称、3人称単数）］
verlegen［困惑した］, die **Verlegenheit**［困惑］
verletzen［傷つける］, die **Verletzung**［けが］
verleumden［中傷する］, die **Verleumdung**［中傷］
verlieren［失う］, **verlor**［過去基本形］, **verloren**［過去分詞］
der **Verlust**［失うこと］
vermehren［増やす］, die **Vermehrung**［増加］
vermeiden［避ける］, =**mieden**［過去分詞］
vermissen［…がいないことをさみしく思う］, =**mißte**［過去基本形］, =**mißt**［過去分詞］
das **Vermögen**［財産、能力］, **vermögend**［裕福な］
vermuten［推測する］
vernichten［滅ぼす］
die **Vernunft**［理性］, **vernünftig**［理性的な］
verpassen［逃す］, **verpaßt**［過去分詞、現在人称変化（2人称・3人称単数・2人称複数）］
verpuppen［(sich) 蛹（さなぎ）になる］
verraten［裏切る、（秘密などを）漏らす］, der **Verräter**［裏切り者］
verrenken［脱臼させる］
verrückt［気が狂った］
der **Vers**［詩行］, **Verse**［複数形］
die **Versammlung**［集会］
versäumen［逃す］
verschalen［板張りにする］, die **Verschalung**［板張り］
verschieden［異なった］, die **Verschiedenheit**［違い］
der **Verschleiß**［消耗］, **verschleißen**［消耗する］, =**schliß**［過去基本

verdrießen [不機嫌にさせる], **verdroß** [過去基本形], **verdrossen** [過去分詞], **verdrießlich** [不機嫌な]

der **Verdruß** [不機嫌]

verdutzt [あぜんとした]

der **Verein** [協会], **vereinigen** [ひとつにまとめる]

verenden [(家畜などが) 死ぬ]

verflixt [いまいましい]

die **Vergangenheit** [過去]

vergebens [むだに], **vergeblich** [むだな]

vergelten [報いる], ˳galt [過去基本形], ˳golten [過去分詞], ˳giltst [現在人称変化 (2人称単数)], ˳gilt [現在人称変化 (3人称単数)], die **Vergeltung** [報い]

vergessen [忘れる], **vergaß** [過去基本形], sie vergaßen [彼らは忘れた], du vergißt [君は忘れる], vergiß! [忘れろ！：命令形] **vergeßlich** [忘れっぽい]

das **Vergißmeinnicht** [ワスレナグサ]

vergeuden [無駄遣いする], die **Vergeudung** [無駄遣い]

der **Vergleich** [比較], **vergleichen** [比べる], ˳glich [過去基本形], ˳glichen [過去分詞]

das **Vergnügen** [楽しみ], **vergnügt** [満足した]

verhaften [逮捕する]

das **Verhältnis** [比率、関係], ˳nisse [複数形]

verhältnismäßig [比較的に]

verhehlen [隠す]

verheimlichen [秘密にする]

verhindern [妨げる]

das **Verhör** [尋問], **verhören** [尋問する]

verhunzen [台なしにする]

verirren [(sich) 道に迷う]

der **Verkehr** [交通], **verkehren** [運行する、交際する]

verkrüppeln [不具になる]

veranlassen［きっかけをあたえる］, ⸗laßte［過去基本形］, ⸗laßt［過去分詞］, die Veranlassung［きっかけ］

veranstalten［催す］, die Veranstaltung［開催、催し物］

verantworten［責任を負う］

die **Verantwortung**［責任］

der **Verband**［包帯、連盟］, Verbände［複数形］

verbergen［隠す］, ⸗barg［過去基本形］, ⸗borgen［過去分詞］, ⸗birgst［現在人称変化（2人称単数）］

verbessern［改良する］, die Verbesserung［改良］

verbieten［禁じる］, ⸗bot［過去基本形］, ⸗boten［過去分詞］, das Verbot［禁止］

die **Verbindung**［結合］

verbitten［断る］= sich etwas verbitten［断る］; ⸗bat［過去基本形］, ⸗beten［過去分詞］, das verbitte ich mir［それはお断りです］; *aber*: ich verbiete dir ...［ただし：私は君に…を禁じる］

verblüffen［びっくり仰天させる］

das **Verbot**［禁止］

das **Verbrechen**［犯罪］

verbreiten［広める］, die Verbreitung［広まること］

die **Verbrennung**［燃やすこと］

der **Verdacht**［疑い］, **verdächtig**［疑わしい］

verdammen［非難する］, verdammt［いまいましい］

verdauen［消化する］, die Verdauung［消化］

verderben［腐る、台なしにする］, verdarb［過去基本形］, verdorben［過去分詞］, ich verderbe［私は台なしにする］, du verdirbst［君は台なしにする］, verdirbt［現在人称変化（3人称単数）］

verdienen［稼ぐ］, **der** Verdienst［稼ぎ］= Bezahlung［報酬］; **das** Verdienst［功績］= ausgezeichnete Leistung［すぐれた業績］

verdingen［奉公に出す］, verdungen［奉公に出された］

verdorren［枯れる］

と]
- die **Unzahl** [無数], **unzählig** [無数の]
- **uralt** [太古の]
- der **Urenkel**, Urgroßvater usw. [ひまご、曾祖父など]
- die **Urkunde** [（事実を確認・証明する）文書]
- der **Urlaub** [休暇]
- die **Urne** [かめ、つぼ]
- die **Ursache** [原因]
- der **Ursprung** [起源], Ursprünge [複数形]
- **ursprünglich** [元の]
- **Ursula** [ウルズラ]
- das **Urteil** [判決、判断], **urteilen** [判決を下す、判断する]

V.

- der **Vagabund** [放浪者]
- die **Valuta** [外国通貨]
- die **Vanille** [バニラ]
- die **Vase** [花瓶]
- das **Vaselin** [ワセリン]
- der **Vater** [父], Väter [複数形], **väterlich** [父の], das Vaterunser [主の祈り]
- **vazieren** [行商する], **vazierend** [行商中の]
- das **Veilchen** [スミレ]
- die **Vene** [静脈]
- das **Ventil** [バルブ], die **Ventilation** [換気]
- die **Venus** [金星]
- **ver...** [ver...：前つづり]
- **verabreden** [取り決める], die **Verabredung** [取り決め]
- **verachten** [軽蔑する], die **Verachtung** [軽蔑]
- die **Veranda** [ベランダ], Veranden [複数形]
- **veranlagt** […の素質をもった], die **Veranlagung** [素質]

unsrig, unsrige [私たちのもの], **der Unsrige** [私たちの仲間（男）]

unten [下に]

unter […の下], **unterm** […の下に：前置詞と定冠詞の融合形] = unter dem ; **untern** […の下へ：前置詞と定冠詞の融合形] = unter den ; **unters** […の下へ：前置詞と定冠詞の融合形] = unter das ; **untere** [下の], **unterste** [最上級]

unterdes, unterdessen [その間に]

untereinander [お互いの間で、上下に]

unterhalb […の下方に]

unterhalten [維持する、養う、楽しませる], ‒**hielt** [過去基本形], **die Unterhaltung** [おしゃべり、楽しみ、維持]

unternehmen [企てる], ‒**nahm** [過去基本形], ‒**nommen** [過去分詞], ‒**nimmst** [現在人称変化（2人称単数）]

der Unterricht [授業], **unterrichten** [教える]

unterscheiden [区別する], ‒**schieden** [異なった]

der Unterschied [違い]

unterschlächtig [（水車が）下位射水方式の]

die Unterschrift [署名]

der Unterstand [避難場所], ‒**stände** [複数形]

der Untertan [家来]

unterwegs [途中で]

ununterbrochen [絶え間ない]

unvermutet [思いがけない]

unverschämt [恥知らずな], **die Unverschämtheit** [恥知らず（なこと）]

unversehens [思いがけずに]

unwahr [真実でない], **die Unwahrheit** [虚偽]

das Unwetter [嵐]

unwillkürlich [意図的でない]

unwohl [気分がよくない], **das Unwohlsein** [気分がよくないこ

umsonst［むだに、無料で］
der **Umweg**［回り道］
un...［un...：否定・反対の接頭辞］
unangenehm［不快な］
die **Unannehmlichkeit**［不愉快（なこと）］
die **Unart**［悪習］, **un**artig［行儀の悪い］
unaufhörlich［絶え間ない］
unausstehlich［耐えがたい］
unbändig［手に負えない］
unbedingt［無条件の］
unbeholfen［ぎこちない］
und［そして］, und so fort［などなど］
unerhört［前代未聞の］
der **Unfall**［事故］, Unfälle［複数形］
der **Unfug**［迷惑行為］
der **Ungar**［ハンガリー人］, Ungarn［ハンガリー］, **u**ngarisch［ハンガリーの］
ungefähr［およそ］
ungeheuer［ものすごい］, das Ungeheuer［怪物］
das **Ungetüm**［怪物］
das **Ungeziefer**［害虫］
unglaublich［信じられない］
die **Uniform**［制服］
die **Universität**［大学］
das **Unkraut**［雑草］
unnötig［不必要な］
der **Unrat**［ごみ］
der **Unschlitt**［獣脂］
unser, unsere［私たちの］, unserig, unsrig［私たちのもの］, unsereiner［私たちのような人］
der **Unsinn**［無意味］, **un**sinnig［無意味な］

  über […の上方], **übers** […の上方へ：前置詞と定冠詞の融合形]
   = über das
  überall [いたるところで]
  überdrüssig [うんざりした]
  übereinander [重なり合って]
der **Überfluß** [過剰], **überflüssig** [余計な]
  überhaupt [一般に]
  überlegen [よく考える]
der **Übermut** [大はしゃぎ], **übermütig** [はしゃぎすぎの]
  überraschen [驚かせる], die **Überraschung** [驚き]
die **Überschrift** [表題]
der **Überschuß** [過剰], **überschüssig** [過剰な]
  überschwemmen [氾濫する], die **Überschwemmung** [氾濫]
die **Übersicht** [見通し], **übersichtlich** [見通しのきく]
  übersiedeln [移転する], die **Übersiedlung** [移転]
  überwinden [克服する], ‒wand [過去基本形], ‒wunden [過去分詞], die **Überwindung** [克服]
  überzeugen [納得させる], die **Überzeugung** [確信]
  übrig [残りの]
  übrigens [ところで]
die **Übung** [練習]
das **Ufer** [岸]
die **Uhr** [時計、…時], wie viel Uhr ist es? [何時ですか？]
  um […の周りに]；**ums** […の周りに：前置詞と定冠詞の融合形]
   = um das
  umarmen [抱きしめる]
  umeinander [互いに相手のことを]
der **Umfang** [周囲の長さ、規模], Umfänge [複数形]
der **Umgang** [つき合い], Umgänge [複数形]
  umher [周囲に]
der **Umschlag** [（本などの）カバー], Umschläge [複数形]

die **Tschechoslowakei** [チェコスロヴァキア]
  tuberkulos [結核の], die **Tuberkulose** [結核]
das **Tuch** [布], **Tücher** [複数形]
  tüchtig [有能な], die **Tüchtigkeit** [有能]
  tückisch [悪意のある]
  tüfteln [根気よく取り組む]
die **Tugend** [徳]
  tummeln [(sich) 元気に走り回る]
der **Tümpel** [池、小さな沼]
  tun [する、行う], **tat** [過去基本形], **getan** [過去分詞], ich **tu** [私はする], du **tust** [君はする], er **tut** [彼はする], **tu** das nicht! [それをしてはいけない！：命令形]
  tünchen [しっくいを塗る], der **Tüncher** [塗装工]
  tunken [浸す]
der **Tunnel** [トンネル]
der **Tupf** [斑点], **tupfen** [軽くたたく、斑点をつける], **tüpfeln** [斑点をつける]
die **Tür**, oder die **Türe** [die Tür または die Türe：ドア]
die **Turbine** [タービン]
der **Türke** [トルコ人], **türkisch** [トルコの], die **Türkei** [トルコ]
der **Turm** [塔], **Türme** [複数形], **auftürmen** [積み上げる]
  turnen [(器械) 体操をする], der **Turner** [体操をする人]
die **Turteltaube** [コキジバト（鳥）]
die **Tusche** (Tinte) [墨（インク）]
  tuscheln [ひそひそ話をする]
die **Tüte** [紙袋]
der **Typhus** [チフス]：Krankheit [病気]

U.

das **Übel** [害悪], **übel** [不快な], die **Übligkeit** [不快感]
  üben [練習する], die **Übung** [練習]

der **Triller** [トリル], **trillern** [トリルで演奏する]
　trinken [飲む], **trank** [過去基本形], **getrunken** [過去分詞], der **Trank** [飲み物], der **Trinker** [酒飲み]
das **Trinkgeld** [チップ]
　trippeln [ちょこちょこ歩く]
der **Tritt** [歩み]
　trocken [乾いた], die **Trockenheit** [乾燥していること]
　trocknen [乾かす]
　trödeln [のろのろする, 古物を商う], der **Trödler** [古物商]
der **Trog** [(箱型の) 桶], **Tröge** [複数形]
die **Trommel** [太鼓], **trommeln** [太鼓をたたく]
die **Trompete** [トランペット], der **Trompeter** [トランペット奏者]
der **Tropfen** [しずく], **tropfen** [ぽたぽた落ちる], **tröpfeln** [ぽつぽつ落ちる]
der **Trost** [慰め], **trösten** [慰める], **trostlos** [絶望的な]
der **Trottel** [間抜け]
das **Trottoir** (Sprich：Trottuar) [歩道 (発音：トロトゥアール)] = **Gehsteig** [歩道]
　trotz […にもかかわらず]：**trotzdem** [それにもかかわらず]
der **Trotz** [反抗], **trotzen** [反抗する], **trotzte** [過去基本形], **getrotzt** [過去分詞], **trotzig** [反抗的な]
　trüb [濁った], **trüben** [濁らせる] = **trüb machen** [濁らせる]
　trübselig [(気分が) 暗い]
der **Trug** [欺瞞], **trügen** [あざむく]
die **Truhe** [チェスト]
das **Trumm** [大きな破片], die **Trümmer** [破片]
der **Trunk** [飲み物], **betrunken** [酔っぱらった]
der **Trupp** [(行動中の) 一団], die **Truppe** [軍隊]
der **Truthahn** [雄の七面鳥], ♀**hähne** [複数形]
die **Truthenne** [雌の七面鳥], ♀**hennen** [複数形]
der **Tscheche** [チェコ人], **tschechisch** [チェコの]

der **Trank** [飲み物], **Tränke** [複数形]

die **Tränke** [（家畜の）水飲み場], **tränken** [（家畜に）水を飲ませる]

die **Transmission** [伝動装置]

der **Transport** [輸送], **transport**i**eren** [輸送する]

das **Trapez** [台形]

der **Tratsch** [うわさ話], **tratschen** [うわさ話をする]

die **Traube** [葡萄]

    trauen [信用する]

die **Trauer** [悲しみ], **trauern** [嘆き悲しむ]

der **Traum** [夢], **träumen** [夢を見る]

    traurig [悲しんでいる], die **Traurigkeit** [悲しみ]

die **Trauung** [結婚式]

die **Traverse** [横げた]

    treffen [命中させる、会う], **traf** [過去基本形], **getroffen** [過去分詞], ich **treffe** [私は命中させる], du **triffst** [君は命中させる], **trifft** [現在人称変化（3人称単数）]

der **Treffer** [当たり]

    treiben [駆り立てる], **trieb** [過去基本形], **get**ri**eben** [過去分詞], der **Treiber** [勢子], der **Trieb** [衝動]

    trennen [切り離す、分ける], die **Trennung** [分離、別れ]

die **Treppe** [階段]

    treten [歩む], **trat** [過去基本形], **getreten** [過去分詞], ich **trete** [私は歩む], du **trittst** [君は歩む], er **tritt** [彼は歩む], der **Tritt** [歩み]

    treu [忠実な], die **Treue** [忠実], **treulos** [不実な]

die **Tribüne** [演壇、観客席]

der **Trichter** [じょうご], **eintrichtern** [じょうごで注ぎ入れる]

der **Trieb** [衝動]

    triefen [ぽたぽた落ちる], **troff** [過去基本形], **getroffen** [過去分詞]

das **Trikot** [トリコット、トリコット製の衣類]

aus Ton [陶土でできた]

der **Ton** [音]：Klang [響き]；Töne [複数形], **tönen** [鳴る] = klingen [響く]

Toni [トーニ] = Anton [アントーン]

die **Tonne** [ドラム缶]

der **Topf** [(深い) 鍋], Töpfe [複数形]

der **Topfen** [カード (凝乳)]

der **Töpfer** [陶工], töpfern [陶器をつくる]

das **Tor** [門]

der **Torf** [泥炭], das Torfmoor [泥炭地]

torkeln [よろける]

die **Torte** [トルテ]

tot [死んだ], **töten** [殺す], totschlagen [殴り殺す], der **Tote** [死者]；*aber*: der To**d** [ただし：der Tod「死」]

total [完全な]

die **Tour** [遠足、ツアー], der **Tourist** [旅行客]

der **Trab** [(乗馬の) トロット], traben [(馬が) 速足で走る]

die **Tracht** [(ある地方や職業に特有の) 服装]

trachten [(何かを得ようと) 努力する]

trächtig [(動物が) 妊娠している]

die **Trafik** [タバコ屋], die Trafikantin [タバコ屋の店主 (女)], -innen [タバコ屋の店主 (女)：複数形]

träg [ものぐさい], die **Trägheit** [ものぐさいこと]

tragen [運ぶ], trug [過去基本形], getragen [過去分詞], du trägst [君は運ぶ], trägt [現在人称変化 (3人称単数)], der **Träger** [運ぶ人]

tragisch [悲劇的な]

traktieren [苦しめる]

der **Trampel** [不器用な人], trampeln [足を踏み鳴らす]

die **Tramway** [トラム] = Straßenbahn [路面電車]

die **Träne** [涙], tränen [複数形]

das **Testament**［遺言、契約］
　　teuer［(値段が) 高い］, die **Teuerung**［値上がり］
der **Teufel**［悪魔］, **teuflisch**［悪魔のような］
der **Text**［テキスト］
die **Textilindustrie**［繊維工業］
das **Theater**［劇場］
　　Theodor［テーオドーア］
die **Theorie**［理論］, **theoretisch**［理論的な］
　　Therese［テレーゼ］, **Theresia**［テレージア］
das **Thermometer**［温度計］
　　Thomas［トーマス］
der **Thron**［王座］
　　ticken［カチカチ音をたてる］
　　tief［深い］, die **Tiefe**［深さ］
der **Tiegel**［るつぼ、フライパン］
das **Tier**［動物］, **tierisch**［動物の］
der **Tiger**［虎］
　　tilgen［消し去る］, **vertilgen**［根絶やしにする］
die **Tinte**［インク］, **tintig**［インクのような］
　　Tirol［チロル］, **tirolerisch**［チロルの］
der **Tisch**［テーブル］
der **Tischler**［家具職人］, die **Tischlerei**［家具製作業］, **tischlern**［家具をつくる］
der **Titel**［タイトル、肩書き］
　　toben［荒れ狂う］
　　Tobias［トビーアス］
die **Tochter**［娘］, **Töchter**［複数形］
der **Tod**［死］, **todkrank**［重病の］, **tödlich**［致命的な］; *aber*: **tot**［ただし：**tot**「死んだ」］
　　toll［狂った、すてきな］, die **Tollwut**［狂犬病］
der **Ton**［粘土、陶土］ = Töpferton［陶土］; **tönern**［陶器の］ =

der **Tausch** [交換], **tauschen** [交換する]
   täuschen [だます], die **Täuschung** [だますこと、錯覚]
   tausend [1000], viele **Tausende** [何千もの人（もの）], der **Tausender** [1000の位の数], **tausendmal** [1000回], das **Tausendstel** [1000分の1], **tausendste** [1000番目の]
die **Taxe** [料金], der **Taxameter** [(タクシーの) メーター]
die **Technik** [科学技術], der **Techniker** [技術者]
der **Tee** [茶]
der **Teer** [タール]
der **Teich** [池]
der **Teig** [(パンやケーキの) 生地], **teigig** [生焼けの]
der **Teil** [部分], **teilen** [分ける], die **Teilung** [分割]
die **Teilnahme** [参加、関心]
   teilnehmen [参加する], ich **nehme teil** [私は参加する], der **Teilnehmer** [参加者]
   teils [一部は], **größtenteils** [大部分は]
   teilweise [部分的に]
das **Telegramm** [電報], der **Telegraph** [電信機], **telegraphieren** [電報を打つ], **telegraphisch** [電報（電信）の]
das **Telephon** [電話], **telephonieren** [電話する], **telephonisch** [電話による]
der **Teller** [皿]
der **Tempel** [神殿]
die **Temperatur** [温度]
das **Tempo** [速度]
der **Tender** [炭水車]
die **Tenne** [打穀場]
der **Teppich** [じゅうたん]
der **Termin** [期日]
die **Terrasse** [テラス]
die **Terz** [(音程の) 3度]

die **Tanne**［モミの木］
die **Tante**［おば］
der **Tanz**［ダンス］, **Tänze**［複数形］, **tanzen**［踊る］, du **tanzt**［君は踊る］
die **Tapete**［壁紙］, **tapezieren**［壁紙を張る］
　tapfer［勇敢な］, die **Tapferkeit**［勇敢さ］
　tappen［手探りで歩く］, **täppisch**［不器用な］
die **Tara**［風袋］
　tarieren［風袋を量る］
der **Tarif**［(公的に定められた) 料金］
die **Tasche**［バッグ、ポケット］, **Taschentuch**［ハンカチ］
die **Tasse**［カップ］
die **Taste**［(ピアノなどの) キー］, der **Taster**［植字機のキーボード］
　tasten［手探りする］
die **Tat**［行為］, der **Täter**［犯人］
　tätig［仕事をしている、活動的な］, die **Tätigkeit**［活動］
die **Tatsache**［事実］, **tatsächlich**［実際の］
die **Tatze**［前足］
das **Tau**［太いロープ］= Seil［ロープ］
der **Tau**［露］, **tauen**［露が降りる、(雪や氷が) 溶ける］, es **taut**［露が降りる、(雪や氷が) 溶ける］
　taub［耳の聞こえない］, der **Taube**［耳の聞こえない人］, **taubstumm**［聾啞の］
die **Taube**［鳩］, der **Tauber**［雄鳩］, das **Täubchen**［小鳩］
　tauchen［潜る］, der **Taucher**［ダイバー］
　tauen［露が降りる、(雪や氷が) 溶ける］, es **taut**［露が降りる、(雪や氷が) 溶ける］
die **Taufe**［洗礼］, **taufen**［洗礼を施す］, **Taufpate**［代父］, **Taufname**［洗礼名］, der **Täufling**［受洗者］
　taugen［役に立つ］, **tauglich**［役に立つ］
　taumeln［よろめく］

der **Suff** [酒びたり]
der **Sultan** [サルタン]
die **Sulz**, Sulze [アスピック（料理）]
die **Summe** [合計], **summieren** [合計する]
 summen [ブーンという音を立てる、ハミングする]
der **Sumpf** [沼地], Sümpfe [複数形], **sumpfig** [沼地の]
die **Sünde** [罪], der **Sünder** [罪人], **sündigen** [罪を犯す]
die **Suppe** [スープ]
 surren [ブンブンうなる]
 süß [甘い], süßer [比較級], am süßesten [最上級], die **Süßigkeit** [甘いもの], **süßlich** [甘みのある]
der **Sweater** [セーター] = Leibchen [胴着]
 symmetrisch [左右対称の], die **Symmetrie** [左右対称]
 sympathisch [好感のもてる、共感できる]
die **Szene** [場面、舞台]

T.

der **Tabak** [タバコ]
die **Tabelle** [表（ひょう）]
das **Tabernakel** [聖櫃（せいひつ）]
der **Tadel** [非難], **tadeln** [非難する]
 tadellos [非の打ちどころのない]
die **Tafel** [板], **täfeln** [板を張る]
der **Tag** [日、昼], Tage [複数形], **täglich** [毎日の]
die **Taille** [腰]
der **Takt** [拍子], **taktieren** [拍子をとる]
das **Tal** [谷], Täler [複数形]
der **Talar** [僧服、法服、アカデミックドレス]
das **Talent** [才能]
der **Talg** [獣脂]
 tandeln [がらくたを売る], der **Tandler** [がらくたを売る人]

der **Stüber**［ステューバー（昔の硬貨）］
der **Stuck**［スタッコ（化粧しっくい）］, die **Stuk**katur［スタッコ（化粧しっくい）仕上げ］
das **Stück**［部分、…個］, **stückeln**［細かく分ける］
der **Student**［大学生］, **studieren**［専攻する］
die **Stufe**［段、段階］
der **Stuhl**［椅子］, Stühle［複数形］
die **Stukkatur**［スタッコ（化粧しっくい）仕上げ］
　stülpen［かぶせる］
　stumm［無言の］
der **Stummel**［切れ端］
der **Stümper**［へまばかりする人］, **stümpern**［下手な仕事をする］
der **Stumpf**［切れ端、切り株］, Stümpfe［複数形］, **stumpf**［にぶい］
der **Stumpfsinn**［無関心］
die **Stunde**［時間（単位）］, **stundenlang**［何時間も］, **stündlich**［1時間ごとの］
　stupfen［軽く押す］
der **Sturm**［嵐］, Stürme［複数形］, **stürmen**［嵐が吹き荒れる］, **stürmisch**［嵐の］
der **Sturz**［落下］, Stürze［複数形］, **stürzen**［落ちる］
die **Stute**［雌馬］
die **Stütze**［支え］, **stützen**［支える］, stützte［過去基本形］
　stutzen［刈りこむ］, stutzte［過去基本形］, gestutzt［過去分詞］
　stutzig［面食らった］
　subtrahieren［引き算する］, die **Subtraktion**［引き算］
　suchen［さがす］, auf der **Suche**［…をさがしている］
die **Sucht**［中毒］, ...**süchtig**［…中毒の］
der **Sud** (von sieden)［煮出し汁（動詞 sieden「煮る」から）］
der **Süden**［南］, im Süden［南に］, **südlich**［南の］, Südost［南東］, südöstlich［南東の］, **Südwest**［南西］, südwestlich［南西の］, Südpol［南極］

strecken [伸ばす], streckte [過去基本形], gestreckt [過去分詞]
der **Streich** [一撃、いたずら]
    streicheln [なでる]
    streichen [塗る], strich [過去基本形], gestrichen [過去分詞]
der **Streifen** [帯状のもの、ストライプ]
    streifen [軽く触れる、歩き回る], herumstreifen [あちこち歩き回る]
der **Streik** [ストライキ], streiken [ストライキをする]
der **Streit** [争い], **streiten** [争う], stritt [過去基本形], gestritten [過去分詞]
    streng [厳しい], die Strenge [厳しさ]
die **Streu** [敷きわら], **streuen** [撒(ま)く]
der **Strich** [線], stricheln [破線で書く]
der **Strick** [綱]
    stricken [編む], die Strickerei [編み物]
der **Striegel** [(家畜用の)ブラシ], **striegeln** [(馬などに)ブラシをかける]
der **Striezel** [シュトリーツェル(細長い編みパン)]
das **Stroh** [わら], Strohhut [麦わら帽子]
der **Strolch** [ごろつき], strolchen [うろつく]
der **Strom** [大きな川、電流], Ströme [複数形], stromabwärts [流れを下って]
    strömen [流れる], die Strömung [流れ]
die **Strophe** [詩節]
    strotzen [満ちあふれている]
der **Strudel** [渦], strudeln [渦を巻く]
der **Strumpf** [靴下], Strümpfe [複数形]
der **Strunk** [(キャベツなどの)太く短い茎], Strünke [複数形]
die **Strupfe** [結びひも], strupfen [脱ぐ]
    struppig [(髪が)もじゃもじゃの]
die **Stube** [部屋], das Stübchen [小部屋]

stopfen [繕（つくろ）う、詰め込む]
der **Stoppel** [コルク栓], **zu**stoppeln [栓をする]
die **Stoppel** [切り株], **Stoppel**feld [（刈り入れ後の）切り株だらけの畑]
der **Stöpsel** [栓], **stöpseln** [栓をする]
der **Storch** [コウノトリ], **Störche** [複数形]
stören [邪魔をする], die **Störung** [妨害]
störrisch [強情な]
der **Stoß** [突くこと], **Stöße** [複数形], **stoßen** [突く], **stieß** [過去基本形], **gestoßen** [過去分詞], ich **stoße** [私は突く], du **stößt** [君は突く]
der **Stößel** [すりこぎ]
stottern [どもる], der **Stotterer** [吃音者]
die **Strafe** [罰], **strafen** [罰する]
straff gespannt [ぴんと張った]
sträflich [罰すべき], der **Sträfling** [受刑者]
der **Strahl** [光線], **strahlen** [光線を放つ]
der **Strähn** [（毛糸の）かせ], **strähnen** [（髪の毛に）房をつくる]
stramm [ぴんと張った]
strampeln [手足をばたばた動かす]
der **Strand** [ビーチ]
der **Strang** [ロープ], **Stränge** [複数形], **strängen** [ロープにつなぐ] = anbinden [つなぐ]
die **Strapaze** [（身体的な）つらさ], **strapazieren** [酷使する]
die **Straße** [通り]
sträuben [逆立てる], sich **sträuben** [逆立つ]
der **Strauch** [低木、やぶ], **Sträucher** [複数形]
der **Strauchen** [鼻風邪] = Schnupfen [鼻風邪]
der **Strauß** [花束], **Sträuße** [複数形]
streben [努力する], der **Streber** [野心家]
die **Strecke** [距離]

der **Stiefel**［長靴］
das **Stiefkind**, Stiefmutter usw.［継子、継母など］
die **Stiege**［階段］
der **Stieglitz**［ゴシキヒワ］
der **Stiel**［茎、柄］= Stengel［茎］, Griff［取っ手］
der **Stier**［雄牛］
   stieren, anstieren［じっと見つめる］
der **Stift**［釘、鉛筆］, Bleistift［鉛筆］
das **Stift**［修道院］= Kloster［修道院］
   stiften［寄進する］, die **Stiftung**［寄付金］
der **Stil**［様式］：Baustil［建築様式］
   still［静かな］：ruhig［静かな］；die **Stille**［静けさ］
   stillen［静める］
die **Stimme**［声］
   stimmen［合っている］
die **Stimmung**［気分］
   stinken［悪臭がする］, stank［過去基本形］, gestunken［過去分詞］,
      stinkig［臭い］, der Gestank［悪臭］
die **Stirne**［額（ひたい）］
   stöbern［探しまわる］
der **Stocher**［火かき棒］, st**o**chern［つつく］
der **Stock**［棒］, Stöcke［複数形］
   stocken［動かなくなる］
   stockfinster［真っ暗な］
der **Stockzahn**［臼歯］
der **Stoff**［生地、素材］
   stöhnen［うめく］
die **Stola**［ストール、(聖職者の) ストラ］
der **Stollen**［坑道、シュトレン (クリスマスケーキ)］
   stolpern［つまずく］
der **Stolz**［誇り］, **stolz**［誇らしい］

詞], die Steigung [傾斜]
der **Steiger** [（鉱山の）監督技師]
　　steil [傾斜の急な]
der **Stein** [石], **stein**ern [石の], **stein**hart [石のように硬い]
der **Steinmetz** [石工]
der **Steirer** [シュタイアーマルクの人], **steir**isch [シュタイアーマルクの]
die **Stelle** [場所], **stellen** (hinstellen) [立てる（立てて置く）], stellte [過去基本形], gestellt [過去分詞], **stellen**weise [ところどころに]
die **Stellung** [姿勢、立場、職]
der **Stellvertreter** [代理人]
der **Stellwagen** [乗合バス]
die **Stelze** [竹馬]
　　stemmen [持ち上げる], das **Stemmeisen** [突き鑿（のみ）]
der **Stempel** [スタンプ], **stempeln** [スタンプを押す]
der **Stengel** [茎]
die **Stenographie** [速記], **ste**nographieren [速記する]
　　Stephan [シュテファン], Stephanie [シュテファニー]
die **Steppe** [ステップ（草原）]
　　steppen [キルティングする], die **Steppdecke** [キルトの掛布団]
　　sterben [死ぬ], starb [過去基本形], gestorben [過去分詞], ich sterbe [私は死ぬ], du stirbst [君は死ぬ], **sterblich** [死ぬ運命の]
der **Stern** [星]
der **Sterz** [鋤（すき）の柄、シュテルツ（穀粉を使った料理）]
die **Steuer** (Geldbetrag) [税（金額）]
das **Steuer** (am Schiff) [舵（船の）], **steuern** [操縦する]
der **Stich** [（針などで）刺すこと], **stich**eln [縫い物をする]
　　sticken [刺繍する], die **Stick**erei [刺繍]
der **Stickstoff** [窒素]

starr [硬直した], erstarren [固まる]
der Start [スタート], starten [スタートする]
stätig [強情な]
die Station [駅]
das Stativ [三脚]
statt […の代わりに] = anstatt […の代わりに]
die Stätte [場所] = Platz [場所]; Brandstätte [火事場]
die Statue [立像]
die Statur [体格]
der Staub [ほこり], stauben [ほこりが立つ], staubig [ほこりっぽい]
die Staude [多年生植物]
stauen [せき止める], die Stauung [せき止め、渋滞]
staunen [驚く]
stechen [刺す], stach [過去基本形], gestochen [過去分詞], ich steche [私は刺す], du stichst [君は刺す], sticht [現在人称変化 (3人称単数)], stich! [刺せ！：命令形] der Stich [刺すこと]
stecken [差し込む], steckte [過去基本形], gesteckt [過去分詞]
der Stecken [ステッキ]
die Stecknadel [ピン、留め針]
der Steg [(小川などにかかる) 小さな橋]
steh(e)n [立っている], stand [過去基本形], gestanden [過去分詞], du stehst [君は立っている], steht [現在人称変化 (3人称単数・2人称複数)], steh! [立っていろ！：命令形]
stehlen (Dieb) [盗む (泥棒)], stahl [過去基本形], gestohlen [過去分詞], ich stehle [私は盗む], du stiehlst [君は盗む], stiehlt [現在人称変化 (3人称単数)]
die Steiermark [シュタイアーマルク (地名)]
steif [硬い], die Steifheit [硬さ]
steifen [硬くする], sich auf etwas steifen […に固執する]
der Steig [小道]
steigen [のぼる、おりる], stieg [過去基本形], gestiegen [過去分

spülen [すすぐ], ab**spülen** [すすいで洗う]
der **Spund** [(樽などの) 栓], **Spünde** [複数形]
die **Spur** [足跡]
spüren [感じる]
der **Staat** [国家], **staatlich** [国家の]
der **Stab** [棒], **Stäbe** [複数形], das **Stäbchen** [短い棒]
der **Stachel** [(植物の) とげ、(動物の) 針]
der **Stadel** [納屋]
die **Stadt** [市、町], **Städte** [複数形], **städtisch** [市の], Stadttor [市門]
die **Staffel** [段]
die **Staffelei** [イーゼル]
staffieren [装飾する], aus**staffieren** [飾り立てる]
der **Stahl** (Eisen) [鋼 (鉄)], **stählern** [鋼鉄製の]
der **Stall** [家畜小屋]：Vieh**stall** [家畜小屋]；**Ställe** [複数形]
der **Stamm** [幹], **Stämme** [複数形]
stammeln [どもる]
stammen […の出身である] = ab**stammen** […の子孫である]
stampfen [足を踏み鳴らす], die **St**ampfe [突き棒]
der **Stand** [立っている状態、状態、身分], **Stände** [複数形], **imstand sein** […できる], er ist imstand [彼は…できる]
der **Ständer** [台]
standhaft [ゆるぎのない]
die **Stange** [棒]
das **Stanniol** [錫箔]
die **Stanze** [型抜き器], s**t**anzen [穴を打ち抜く]
stapeln [積み重ねる], auf**stapeln** [積み上げる]
stapfen [地面を踏みしめて歩く]
der **Star** [スター]
stark [強い], stärker [比較級], am stärksten [最上級]
die **Stärke** [強さ], **stärken** [強くする], die **St**ärkung [強化]

der **Sporn**［拍車］, **sp**ornen［拍車をとりつける］

der **Sport**［スポーツ］, der Sportsmann［スポーツマン］

der **Spott**［あざけり］, **sp**otten［あざ笑う］, **spöttisch**［あざけるような］

die **Sprache**［言語］, Sprachlehre［文法］
　　sprechen［話す］, sprach［過去基本形］, gesprochen［過去分詞］, ich spreche［私は話す］, du sprichst［君は話す］, spricht［現在人称変化（3人称単数）］, sprich!［話せ！：命令形］

die **Spreize**［横木］, **sp**reizen［(手足を) 広げる］, du spreizt［君は広げる］
　　sprengen［爆破する］, die **Sp**rengung［爆破］
　　sprenkeln［斑点をつける］, gesprenkelt［まだらの］

die **Spreu**［もみがら］

das **Sprichwort**［ことわざ］

die **Sprieße**, das **Sprießel**［横木］
　　sprießen［芽を出す］, sproß［過去基本形］, gesprossen［過去分詞］
　　springen［ジャンプする］, sprang［過去基本形］, gesprungen［過去分詞］, der **Sp**ringer［跳ぶ人、交代要員］

die **Spritze**［注射］, **sp**ritzen［(水などを) まく、注射する］, spritzte［過去基本形］

spröde, **spröd**［もろい］

der **Sproß**［新芽］, Sprosse［複数形］

der **Sprößling**［子ども］

die **Sprosse**［段］= Leitersprosse［はしごの段］
　　sprossen［芽ぶく］, sproßte［過去基本形］, gesproßt［過去分詞］

der **Spruch**［格言］, Sprüche［複数形］

der **Sprudel**［炭酸水］, **sp**rudeln［噴き出す］, der **Sp**rudler［泡立て器］
　　sprühen［飛び散る］, sprühte［過去基本形］, gesprüht［過去分詞］

der **Sprung**［ジャンプ］, Sprünge［複数形］
　　spucken［つばを吐く］, Spucknapf［痰（たん）つぼ］

die **Spule**［巻き枠］, **sp**ulen［巻き枠に巻く］

die **Spennadel** [ピン、留め針]
die **Spende** [寄付], **spenden** [寄付する], spend**ieren** [おごる]
    spendeln [ピンで留める] = zustecken [ピンで留める]
    spendieren [おごる]
der **Spengler** [板金工]
    sperren [封鎖する], die **Sperre** [封鎖、バリケード]
die **Spesen** [必要経費]
die **Spezerei** [スパイス]
der **Spezialist** [専門家], die Spezialität [名物、特技]
    speziell [特別な]
    spezifisches Gewicht [比重]
    spicken (Speck) [ベーコンを肉に差し込む（ベーコン）]
der **Spiegel** [鏡], sp**iegeln** [映す]
das **Spiel** [遊び], **spielen** [遊ぶ]
die **Spielerei** [戯れ]
der **Spieß** [焼き串、槍], **spießen**, aufspießen [突き刺す]
der **Spinat** [ホウレンソウ]
die **Spindel** [糸巻き棒]
die **Spinne** [クモ], das Spinnweb [クモの巣]
    spinnen [紡ぐ], spann [過去基本形], gesponnen [過去分詞], die Spinnerei [紡績業]
der **Spion** [スパイ], **spionieren** [スパイ活動をする]
die **Spirale** [螺旋（らせん）], Spiralfeder [渦巻きばね]
der **Spiritus** [酒精], Spirituosen [蒸留酒]
das **Spital** [病院], Spitäler [入院患者]
der **Spitz** [先端] = die Spitze [先端]; **spitz** [とがった] = spitzig [とがった]; **spitzen** [とがらす]
der **Spitzel** [スパイ]
der **Spitzhund** [スピッツ]
der **Splitter** [（金属・ガラスの）破片], **splittern** [粉々になる]
die **Spore** [胞子]

das **Spalier**［格子垣］
der **Spalt**, die **Spalte**［割れ目］
　spalten［割る］, gespalten［割れた］
der **Span**［削りくず］, Späne［複数形］
das **Spanferkel**［(離乳前の) 子豚］
die **Spange**［留め金、ブローチ］
　Spanien［スペイン］, **sp**anisch［スペインの］
　spannen［ぴんと張る］, spannen**d**［スリリングな］, die **Sp**annung
　　［緊張］
　spännig［…頭立ての］, einspännig, zweispännig, der **E**inspänner
　　usw.［1頭立ての、2頭立ての、1頭立ての馬車、など］
　sparen［貯金する、節約する］, die **Sp**arkasse［貯蓄銀行］
　sparsam［倹約な］, die **Sp**arsamkeit［倹約］
der **Spaß**［楽しみ、冗談］, Späße［複数形］, **sp**aßen［ふざける］,
　spaßig［おもしろい］
spät［遅い］, später［後で］, spätestens［遅くとも］
der **Spaten**［鋤 (すき)］
der **Spatz**［スズメ］, das Spätzlein［小さなスズメ］
　spazieren［散歩する］, der **Sp**aziergang［散歩］
der **Specht**［キツツキ］
der **Speck**［ベーコン］, speckig［脂ぎった］
der **Spediteur**［運送業者］
der **Speer**［投げ槍］
die **Speiche** (Rad)［スポーク (車輪)］
der **Speichel** (Mund)［唾液 (口)］
der **Speicher**［倉庫］, aufspeichern［貯蔵する］
　speien［つばを吐く］, spie［過去基本形］, gespien［過去分詞］
die **Speis**［食料貯蔵室］= Speisekammer［食料貯蔵室］
die **Speise**［料理］, **sp**eisen［食事をする］
das **Spektakel**［スペクタクル］
　spekulieren［投機する］

der **Sockel** (Säule) [台座（柱）]
die **Soda** [ソーダ]
das **Sofa** [ソファ]
　sofort [すぐに]
　sogar […さえも]
　sogenannt [いわゆる]
die **Sohle** [足の裏] = Fußsohle [足の裏]; **sohlen** [靴底をつける]
der **Sohn** [息子], Söhne [複数形]
　solcher, solche, solches [そのような]
der **Soldat** [兵士]
die **Sole** [塩水] = Salzwasser [塩水]
　solid [頑丈な]
　sollen […すべきである], sollte [過去基本形], du sollst [君は…すべきだ]
der **Sommer** [夏]
die **Sommerfrische** [避暑], der Sommerfrischler [避暑客]
　sonderbar [奇妙な]
　sondern […ではなくて]
die **Sonne** [太陽], sich sonnen [日に当たる], sonnig [日当たりのよい], Sonnenaufgang [日の出]
der **Sonntag** [日曜日], sonntags [日曜日に]
　sonst [そのほかに、さもないと], **sonstig** [そのほかの]
　Sophie [ゾフィー]
die **Sorge** [心配], sorgen [心配する]
die **Sorgfalt** [入念なこと], sorgfältig [入念な]
die **Sorte** [種類]
　sortieren [分類する]
　sowohl [(…と同じく) …も]
der **Sozialdemokrat** [社会民主主義者], sozialdemokratisch [社会民主主義の], der **Sozialist** [社会主義者], sozialistisch [社会主義の]
der **Spagat** [じょうぶなひも]

das **Siegel** [印、封印], **siegeln** [封印する], der Siegellack [封蠟（ふうろう）]

Siegfried [ジークフリート]

das **Signal** [信号]

die **Silbe** [音節], **einsilbig** [1音節の]

das **Silber** [銀], silbern [銀の]

Silvester [大晦日], der Silvesterabend [大晦日の晩]

sind […である], wir sind (von sein) [私たちは…である（動詞 sein 「…である」から）]

singen (Lied) [歌う（歌）], sang [過去基本形], gesungen [過去分詞]

sinken [沈む] = fallen [下がる]; sank [過去基本形], gesunken [過去分詞]

der **Sinn** [意味], **sinnlos** [無意味な]

der **Siphon** [サイフォン、(下水の) 防臭弁]

der **Sirup** [シロップ]

die **Sitte** [風習]

der **Sitz** [座席], **sitzen** [すわっている], saß [過去基本形], gesessen [過去分詞], du sitzt [君はすわっている], sitz! [すわっていろ！：命令形]

die **Sitzung** [会議]

die **Skala** [目盛り], Skalen [複数形]

der **Skandal** [スキャンダル]

das **Skelett** [骸骨]

der **Ski** [スキー], Skier [複数形]

die **Skizze** [スケッチ], **skizzieren** [スケッチする]

der **Sklave** [奴隷], **sklavisch** [奴隷の]

der **Slawe** [スラブ人], **slawisch** [スラブの]

so [そのように、とても], so groß [とても大きい], so sehr [ものすごく], **sofort** [すぐに]

die **Socke** [ソックス]

die **Sennerin** [高原の酪農家（女）], **sinnen** [複数形]
die **Sense** [大鎌]
    separat [分離した]
    Sepp [ゼップ] = Josef [ヨーゼフ]
der **September** [9月]
die **Serpentine** [曲がりくねった坂道]
    servieren [給仕する]
die **Serviette** [ナプキン]
    servus! [やあ！、こんにちは！、さようなら！]
der **Sessel** [アームチェア]
    setzen [すわらせる], setzte [過去基本形], gesetzt [過去分詞], du setzt [君はすわらせる], setz dich! [すわりなさい！：命令形]
    der **Setzer** [植字工]
die **Seuche** [感染症]
    seufzen [ため息をつく], der Seufzer [ため息]
die **Sichel** [草刈り鎌], **sicheln** [鎌で刈る]
    sicher [安全な], die Sicherheit [安全], die Sicherung [保安、保全]
die **Sicht** [眺め], **sichtbar** [目に見える]
    sickern [漏れる], versickern [しみ込む]
    sie [彼女は（を）、彼（女）ら（それら）は（を）、あなた（たち）は（を）], in der Anrede groß zu schreiben [相手に呼びかけるときは大文字書き]：gehen Sie! [行きなさい！：命令形]
das **Sieb** [篩（ふるい）], **sieben** [篩（ふるい）にかける]
    sieben [7], die Sieben [数字の7] = der Siebener [数字の7]；der siebente Tag [第七日（日曜日）]
    siebzehn [17], **siebzig** [70]
    siedeln [定住する] = ansiedeln [(sich) 定住する]
    sieden [沸騰させる], sott [過去基本形], gesotten [過去分詞], der Siedepunkt [沸点]
der **Sieg** [勝利], **siegen** [勝つ], der Sieger [勝者]

義務]

seit der Zeit, seit gestern usw. [そのときから、きのうから、など]

seitdem […して以来], **seither** [それ以来]

die **Seite** [面、側面], das Ding hat zwei Seiten [ものごとには両面がある], Buchseite [本のページ]

seitlich [脇の], **seitwärts** [脇へ]

der **Sekretär** [秘書]

die **Sekunde** [秒]

selber, **selbst** [自分自身（で）]

selbständig [自立した]

der **Selbstlaut** [母音]

selbstverständlich [当然の、もちろん]

selchen [燻製にする], der **Selcher** [燻製品製造者], die **Selcherei** [燻製品製造所], **Geselchtes** [燻製肉]

selig [至福の], die **Seligkeit** [至福]

der **Sellerie** [セロリ]

selten [めったに…ない], die **Seltenheit** [珍しいこと]

seltsam [奇妙な]

das **Semester** [学期]

die **Semmel** [ゼンメル（小型の丸い白パン）]

senden [送る], san**dt**e oder sendete [sandte または sendete：過去基本形], gesan**dt** oder gesendet [gesandt または gesendet：過去分詞], die **Sendung** [発送、放送]

der **Senf** [マスタード]

sengen [（表面を）焦がす] = brennen [焼く]; sengte [過去基本形]

senken [沈める]: hinunterlassen [下ろす]; senkte [過去基本形], gesenkt [過去分詞]

die **Senkgrube** [下水だめ]

senkrecht [垂直の]

der **Senn**, der **Senne** [高原の酪農家]

die **Seele** [心、魂]
das **Segel** [帆], **segeln** [帆走する]
der **Segen** [(神の) 祝福], **segnen** [祝福する]
    sehen [見る], **sah** [過去基本形], **gesehen** [過去分詞], ich **sehe** [私は見る], du **sieh**st [君は見る], er **sieht** [彼は見る], **sieh**! [見ろ！：命令形]
die **Sehenswürdigkeit** [見る価値のあるもの、名所]
die **Sehne** [腱], **sehnig** [筋が多い]
    sehnen [あこがれる], die **Sehnsucht** [あこがれ]
    sehr [非常に]
    seicht [浅い]
    seid […である], ihr seid (von **sein**) [君たちは…だ（動詞sein「…である」から）]
die **Seide** [絹], **seiden** [絹の] = aus Seide [絹製の]
das **Seidel** (Bier) [ジョッキ（ビール）]
die **Seife** [石鹸], **einseifen** [石鹸を塗りつける]
    seihen [濾す], **seihte** [過去基本形], **geseiht** [過去分詞], der **Seiher** [フィルター]
das **Seil** [ロープ], der **Seiler** [ロープ作り職人]
    sein […である], **war** [過去基本形], **gewesen** [過去分詞], bin [現在人称変化（1人称単数）], bist [現在人称変化（2人称単数）], ist [現在人称変化（3人称単数）], sind [現在人称変化（1人称複数）], seid [現在人称変化（2人称複数）], sind [現在人称変化（3人称複数、2人称敬称単数・複数）], ich wäre [私なら…だろう：接続法第Ⅱ式], sei brav! [おとなしくしていなさい！：「君」に対する命令形] seid brav! [おとなしくしていなさい！：「君たち」に対する命令形]
    sein, seine [彼の、それの（er、esの所有冠詞）]
    seinerzeit [かつて、そのうち]
    seinetwegen [彼のために、それのために]
    seinig, seinige [彼のもの、それのもの], das **Seinige** [彼の財産、

schwerlich [ほとんど…ない]

das **Schwert** [剣、刀]

die **Schwester** [姉妹]

die **Schwiele** [(皮膚の) たこ], **sch**wielig [たこだらけの]

schwierig [むずかしい], die **Sch**wierigkeit [困難]

schwimmen [泳ぐ], schwamm [過去基本形], geschwommen [過去分詞], der **Sch**wimmer [泳ぐ人]

der **Schwindel** [めまい], **sch**windeln [めまいがする]

schwinden [小さくなる], schwand [過去基本形], geschwunden [過去分詞]

der **Schwindler** [詐欺師]

schwindlig [めまいのする]

die **Schwindsucht** [肺結核], **sch**windsüchtig [肺結核の]

schwingen [揺れる], schwang [過去基本形], geschwungen [過去分詞], die **Sch**wingung [振動]

schwirren [(虫が) ぶんぶん飛ぶ]

schwitzen [汗をかく], schwitzte [過去基本形], geschwitzt [過去分詞], du schwitzt [君は汗をかく]

schwören [誓う], schwor [過去基本形], geschworen [過去分詞]

schwül [蒸し暑い], die **Sch**wüle [蒸し暑さ]

der **Schwung** [揺れ], Schwünge [複数形]

der **Schwur** [誓い], Schwüre [複数形]

das **Sech** (Pflug) [鋤 (すき) の刃 (鋤)]

sechs [6], die Sechs [数字の6] = der Sechser [数字の6], das Sechseck [六角形], sechste [六番目の], das Sechstel [6分の1]

sechzehn [16], **sech**zig [60]

seckant [うんざりする], die Seckatur [いやがらせ]

seckieren [わずらわす] = necken [からかう], quälen [悩ませる]

der **See** [湖] = Landsee [湖]

die **See** [海] = das Meer [海]

    schwänzen [サボる], der **Sch**wänzer [サボる生徒]
    schwären [化膿する] ＝ eitern [化膿する]
der **Schwarm** [群れ], Schwärme [複数形]
    schwärmen [群がる、熱中する], der **Sch**wärmer [夢中になっている人]
die **Schwarte** [厚皮]
    schwarz [黒い], schwärzer [比較級], die **Sch**wärze [黒さ], schwärzen [黒くする], **schwärzlich** [黒っぽい]
    schwätzen [おしゃべりする], der **Sch**wätzer [おしゃべりな人]
    schweben [ただよう]
    Schweden [スウェーデン], **sch**wedisch [スウェーデンの]
der **Schwefel** [硫黄], **sch**wefeln [硫黄で処理する]
der **Schweif** [ふさふさした長い尾]
    schweigen [黙っている], schwieg [過去基本形], geschwiegen [過去分詞], schweig! [黙っていろ！：命令形]
    schweigsam [無口な]
das **Schwein** [豚], der Schweinsbraten [ローストポーク], das Schweinerne [豚肉]
die **Schweinerei** [不潔]
der **Schweiß** [汗], **sch**weißen [溶接する]
die **Schweiz** [スイス], der Schweizer [スイス人], **sch**weizerisch [スイスの]
die **Schwelle** [敷居]
    schwellen [ふくれる], schwoll [過去基本形], geschwollen [過去分詞], es schwillt [ふくらむ], die **Sch**wellung [膨張]
    schwemmen [押し流す]
der **Schwengel** [（ポンプなどの）柄、ハンドル]
    schwenken [振る], die **Sch**wenkung [方向転換]
    schwer [重い], die **Sch**were [重さ]
    schwerfällig [鈍重な]
die **Schwerkraft** [重力]

数形]
- die **Schulter** [肩], **sch**ultern [肩にかつぐ]
- der **Schund** [低俗な作品], **sch**undig [質の低い]
- der **Schupf** [押すこと], **sch**upfen [放る] = werfen [投げる]
- der **Schupfen** (Hütte) [納屋 (小屋)]
- die **Schuppe** [うろこ], **sch**uppig [うろこのある]
  schüren [火をかきおこす], der **Sch**ürhaken [火かき棒]
- der **Schurz**, die **Schürze** [エプロン]
- der **Schuß** [射撃], des Schusses [射撃の：単数2格], Schüsse [複数形]
- die **Schüssel** [深皿]
  schusseln [軽率にふるまう], schußlig [軽率な]
- der **Schuster** [靴職人], **sch**ustern [靴職人としてはたらく]
- der **Schutt** [瓦礫]
  schütteln [振る]
  schütten [注ぐ]
  schütter [まばらな]
- der **Schutz** [保護], **sch**ützen [守る], schützte [過去基本形], geschützt [過去分詞], du schützt [君は守る]
- der **Schütze** (Jäger) [射手 (狩人)]
  schwach [弱い], schwächer [比較級], am schwächsten [最上級]
- die **Schwäche** [弱さ], **sch**wächlich [病弱な], der Schwächling [病弱な人]
- der **Schwager** [義理の兄弟], die Schwägerin [義理の姉妹], ₋innen [義理の姉妹：複数形]
- die **Schwaig** [高原の酪農小屋] = Alm [高原の牧場]
- die **Schwalbe** [ツバメ]
- der **Schwamm** [スポンジ], Schwämme [複数形], **sch**wammig [海綿状の]
  schwanken [揺れる], die **Sch**wankung [揺れ]
- der **Schwanz** [尻尾], Schwänze [複数形]

基本形], geschreckt [過去分詞]
- **schrecklich** [恐ろしい]

der **Schrei** [叫び], **schreien** [叫ぶ], schrie [過去基本形], geschrien [過去分詞]
- **schreiben** [書く], schrieb [過去基本形], geschrieben [過去分詞], das **Schreiben** [(公用の)書簡], der **Schreiber** [書き手], Schreibzeug [筆記用具]
- **schreiten** [ゆっくり歩く], schritt [過去基本形], geschritten [過去分詞], der **Schritt** [歩み]

die **Schrift** [文字], **schriftlich** [文字による], Schriftführer [書記], Schriftsteller [作家]

der **Schritt** [歩み], **schrittweise** [一歩ずつ]
- **schroff** [険しい]
- **schröpfen** [お金を巻き上げる、血を吸い出す]

das **Schrot** u. der **Schrot** [das Schrot および der Schrot：粗びきの穀物]
- **schrumpfen** [縮む]

der **Schub** [押すこと], Schübe [複数形]

der **Schubkarren** [手押し車]

die **Schublade** [引き出し]
- **schüchtern** [内気な]

der **Schuft** [悪党], **schuftig** [卑劣な]
- **schuften** [あくせく働く]

der **Schuh** [靴], Schuhmacher [靴屋], Schuhplattler [シュープラットラー（南ドイツやチロル地方のタップダンスのような民族舞踊）]

die **Schuld** [責任、借金], **schuld** sein [責任がある], du bist **schuld** [君のせいだ]
- **schulden** [借りがある、義務がある] = **schuldig** sein [借りがある、義務がある]

die **Schuldigkeit** [責任]

die **Schule** [学校]

der **Schüler** [生徒], die Schülerin [女子生徒], ‑innen [女子生徒：複

der **Schnurrbart** [口ひげ]、₋**bärte** [複数形]
schnurren [(猫がのどを) ごろごろ鳴らす]
der **Schober** [(干し草の) 堆積]、**schöbern** [(干し草を) 積み上げる]
das **Schock** [ショック (数量の単位)]
die **Schokolade** [チョコレート、ココア]
die **Scholle** [土くれ]
schon [すでに]、wenn **schon** [どうせ…なら]
schön [美しい]、die **Sch**ö**nheit** [美]、**schöntun** [ごまをする]
schonen [いたわる]、die **Sch**o**nung** [いたわること]
die **Schonzeit** [禁猟 (漁) 期]
der **Schopf** [頭髪]、Schöpfe [複数形]
schöpfen [(水などを) 汲む、創造する]、der **Sch**ö**pfer** [創造者]、die **Sch**ö**pfung** [創造]
der **Schöps** [(去勢された) 雄羊]、das **Sch**ö**pserne** [羊肉]
der **Schorf** [かさぶた]
der **Schornstein** [煙突]
der **Schoß** [ひざ]、des Schoßes [ひざの：単数2格]、Schöße [複数形]
der **Schößling** [新芽]
die **Schote** [(豆の) さや]
der **Schotter** [砂利]、**sch**ottern [砂利を敷く]
schraffieren [細い平行線を引く]
schräg [斜めの]、die **Sch**r**äge** [斜面]
der **Schragen** [(X字型の脚をした) 台]
die **Schramme** [すり傷]
der **Schrank** [戸棚]、Schränke [複数形]
die **Schranke** [遮断機]
die **Schraube** [ねじ]、**schrauben** [ねじを締める]
der **Schraubstock** [万力]
der **Schreck** [驚き]、sich **schrecken** [驚く]、erschrecken [驚く]、erschrak [過去基本形]、erschrocken [過去分詞]、du erschrickst [君は驚く]；**jemanden schrecken** [ある人を驚かす]、schreckte [過去

schnaufen［あえぐ］

die **Schnauze**［動物の鼻づら］

die **Schnecke**［カタツムリ］

der **Schnee**［雪］, der **Schnee**ball［雪玉］

die **Schneewehe**［雪の吹きだまり］

Schneid haben［度胸がある］

die **Schneide**［刃］, **schneiden**［切る］, schnitt［過去基本形］, geschnitten［過去分詞］, der **Schnitt**［切断］

der **Schneider**［仕立て屋］, **sch**neidern［仕立てる］

schneidig［大胆な］

schneien［雪が降る］, schneite［過去基本形］, geschneit［過去分詞］

schnell［速い］, die **Sch**nelligkeit［速度］

schnellen［跳ね上がる］

die **Schnepfe**［シギ（鳥）］

schneuzen［鼻をかむ］, du schneuzt［君は鼻をかむ］

der **Schnitt**［切断、切り口］

die **Schnitte**［スライス］

der **Schnitter**［草刈り人］

der **Schnittlauch**［チャイブ（植物）］

das **Schnitzel**［シュニッツェル（カツレツ）］

schnitzeln［切り刻む］

schnitzen［彫る］, der **Sch**nitzer［彫刻家］, Holzschnitzerei［木彫り］

der **Schnörkel**［渦巻き模様］

schnorren［ねだる］, der **Sch**norrer［たかり屋］

schnüffeln［くんくん嗅ぐ］

der **Schnupfen**［鼻風邪］, **sch**nupfen［かぎタバコを嗅ぐ］

schnuppern［くんくん嗅ぐ］

die **Schnur**［ひも］, Schnüre［複数形］

schnüren［ひもで縛る］

schmelzen［溶かす］= flüssigmachen［溶かす］; schmelzte［過去基本形］, geschmelzt［過去分詞］, die Sch**melzerei**［溶鉱所］

der **Schmerz**［痛み］, **sch**merzen［痛む］, es schmerzt［痛ましい］, **sch**merzhaft［痛い］

der **Schmetterling**［チョウ］

der **Schmied**［鍛冶屋］, die Schmiede［複数形］, **sch**mieden［鍛える］, Schmiedeeisen［錬鉄］

schmiegen［（からだを）押し当てる］, anschmiegen［（からだを）密着させる］

die **Schmiere**［潤滑油］, **sch**mieren［油をさす］

schmierig［油だらけの］

die **Schminke**［化粧品］, **sch**minken［化粧する］

der **Schmirgel**［エメリー（金剛砂）］, **sch**mirgeln［エメリー（金剛砂）で研磨する］

die **Schmolle**［パンの柔らかい部分］

der **Schmuck**［飾り］, **sch**mücken［飾る］

schmuggeln［密輸する］, der **Sch**muggler［密輸（業）者］

schmunzeln［にやにや笑う］

der **Schmutz**［汚れ］, **sch**mutzig［きたない］

der **Schnabel**［くちばし］, Schnäbel［複数形］

schnäbeln［くちばしをこすり合わせる］

das **Schnaderhüpfel**［シュナーダーヒュップフェル（ヨーデル入りの民謡）］

die **Schnalle**［留め金］, **sch**nallen［留め金で締める］

schnalzen［パチンという音をたてる］

schnappen［パクッとくわえる］

der **Schnaps**［シュナップス］, Schnäpse［複数形］

schnapsen［シュナップスを飲む］

schnarchen［いびきをかく］

schnarren［ガラガラ音をたてる］

schnattern［ガアガア鳴く］

数形]
- der **Schlosser** [機械工], die Schlosserei [機械工場]
- die **Schlucht** [峡谷]
  - **schluchzen** [すすり泣く]
- der **Schluck** [(飲み物の) 一口], **sch**lucken [飲み込む]
- der **Schlucker** [哀れなやつ] = armer Teufel [哀れなやつ]
- der **Schlummer** [うたた寝], **sch**lummern [うたた寝する]
- der **Schlund** [のど], Schlünde [複数形]
- der **Schlupf** [隠れ家], **schlüpfen** [すべるように入りこむ], Schlupfwinkel [隠れ家]
  - **schlüpfrig** [すべりやすい]
  - **schlürfen** [(音を立てて) すする]
- der **Schluß** [終わり], des Schlusses [終わりの:単数2格], Schlüsse [複数形]
- der **Schlüssel** [鍵]
- die **Schmach** [恥辱]
  - **schmächtig** [きゃしゃな]
  - **schmackhaft** [おいしい]
  - **schmal** [幅の狭い], schmäler oder schmaler [schmälerまたはschmaler:比較級]
- das **Schmalz** [食用油脂], **sch**malzen [食用油脂で調理する], geschmalzen [食用油脂を加えた]
- der **Schmarren** [シュマレン (パンケーキの一種)]
- der **Schmaus** [ごちそう], **sch**mausen [ごちそうを食べる]
  - **schmecken** […の味がする]
- die **Schmeichelei** [お世辞], **sch**meicheln [お世辞を言う], der Schmeichler [お世辞屋]
  - **schmeißen** [(勢いよく) 投げる], schmiß [過去基本形], geschmissen [過去分詞], du schmeißt [君は投げつける]
  - **schmelzen** [溶ける] = zergehen [溶ける]; schmolz [過去基本形], geschmolzen [過去分詞], es schmilzt [溶ける]

schleichen [忍び足で歩く], schlich [過去基本形], geschlichen [過去分詞]

der **Schleier** [ベール]

die **Schleife** [ちょう結び]

    schleifen (Messer) [研ぐ（ナイフ）], schliff [過去基本形], geschliffen [過去分詞], der **Schl**iff [研磨], der **Schl**eifer [研ぎ師]

    schleifen [引きずる] = schleppen [引きずる]; schleifte [過去基本形], geschleift [過去分詞]

der **Schleim** [粘液], **schl**eimig [粘液状の]

    schlenkern [ぶらぶらさせる]

    schleppen [引きずる], der **Schl**epper [タグボート]

die **Schleuder** [投石器], **schl**eudern [思いきり投げる]

    schlichten [平らにする、調停する]

    schliefen [滑り込む], schloff [過去基本形], geschloffen [過去分詞]

    schließen [閉める], schloß [過去基本形], geschlossen [過去分詞], du schließt [君は閉める], schließ zu! [鍵をかけなさい！]

    schließlich [最後に、結局は]

der **Schliff** [研磨]

    schlimm [ひどい]

die **Schlinge** [（結んでつくった）輪], **schl**ingen [巻きつける], schlang [過去基本形], geschlungen [過去分詞]

der **Schlingel** [いたずらっ子]

der **Schlitten** [そり], Schlitten fahren [そりに乗る]

der **Schlittschuh** [スケート靴], Schlittschuh laufen [スケートをする], der Schlittschuhläufer [スケーター]

der **Schlitz** [スリット], **schl**itzen [スリットを入れる]

das **Schloß** [宮殿], des Schlosses [宮殿の：単数2格], Schlösser [複数形]

die **Schlosse** (Hagel) [あられ、ひょう（あられ、ひょう）], Schlossen [複

schimmlig [カビの生えた]
der **Schimpf** [侮辱], **sch**impfen [ののしる]
die **Schindel** [こけら板]
schinden [酷使する], geschunden [酷使された]
der **Schinder** [虐待者], die Schinderei [虐待]
der **Schinken** [ハム]
der **Schirm** [傘、保護], **sch**irmen [保護する]
schirren [（馬を馬車に）つなぐ], anschirren [馬具をつける]
die **Schlacht** [戦い]
schlachten [屠畜する], der **Sch**lächter [肉屋], die Schlächterei [肉屋、殺戮]
die **Schlacke** [（石炭などの）燃えかす]
der **Schlaf** [眠り], **schlafen** [眠る], **sch**lief [過去基本形], geschlafen [過去分詞], du schläfst [君は眠る], schläft [現在人称変化（3人称単数）]
die **Schläfe** [こめかみ]
der **Schläfer** [眠っている人], **sch**läfrig [眠そうな]
schlaff [ゆるんだ] = nicht gespannt [緊張していない]
der **Schlag** [打撃], Schläge [複数形]
schlagen [打つ], schlug [過去基本形], geschlagen [過去分詞], du schlägst [君は打つ], schlägt [現在人称変化（3人称単数）]
der **Schlamm** [泥]
die **Schlamperei** [だらしなさ], **sch**lampig [だらしない]
die **Schlange** [蛇]
schlängeln [蛇行する]
schlank [スリムな]
schlau [抜け目のない], die **Sch**lauheit [抜け目のなさ]
der **Schlauch** [ホース], Schläuche [複数形]
schlecht [悪い], die **Sch**lechtigkeit [悪いこと]
schlecken [ぺろぺろなめる], die **Sch**leckerei [甘いもの]
der **Schlegel** [モモ肉]

scheußlich [ぞっとするような]

die **Schicht** [(一回の) 勤務時間], Schichtarbeit [交代制労働]

die **Schichte** [層], **sch**ichten [積み重ねる]

der **Schick** [粋 (いき)]

schicken [送る], es schickt sich [ふさわしい]

schicklich [礼儀正しい]

das **Schicksal** [運命]

schieben [押す], schob [過去基本形], geschoben [過去分詞]

der **Schieber** [引き戸]

der **Schiedsrichter** [レフェリー]

schief [斜めの] = geneigt [傾いた]

der **Schiefer** [スレート]

schielen [斜視である]

das **Schienbein** [すね]

die **Schiene** [レール]

schier [ほぼ] = beinahe [ほとんど]

schießen [撃つ], schoß [過去基本形], geschossen [過去分詞], du schießt [君は撃つ], **Sch**ießstätte [射撃場]

das **Schiff** [船], **sch**iffen [船で行く], der Schiffer [船員], **sch**iffbar [航行可能な]

die **Schiffahrt**, Schiff‑fahrt [航海]

der **Schild** [盾]：Waffe [武器]

das **Schild** [プレート]：Firmenschild [会社・店の看板]

schildern [描写する], die **Sch**ilderung [描写]

das **Schildpatt** [べっ甲]

die **Schildwache** [歩哨]

das **Schilf** [ヨシ (植物)]

schillern [色とりどりに輝く], schillernd [色とりどりに輝いている]

der **Schilling** [シリング]

der **Schimmel** [葦毛の馬, カビ]

der **Schimmer** [ほのかな光], **sch**immern [ほのかに光る]

[過去分詞]
der Schein［光、外観］, scheinen［輝く］, schien［過去基本形］, geschienen［過去分詞］
    scheinbar［外見上の］
    scheinheilig［偽善の］
das Scheit［薪（たきぎ）］, der Scheiterhaufen［（火刑のための）薪（たきぎ）の山］
der Scheitel［頭髪の分け目］, scheiteln［分け目をつける］
    scheitern［失敗する］
der Schellack［シェラック（樹脂）］
die Schelle［鈴］, schellen［（鈴・呼び鈴が）鳴る］
der Schelm［いたずら好きな人］, schelmisch［いたずら好きな］
    schelten［しかる］, schalt［過去基本形］, gescholten［過去分詞］, du schiltst［君はしかる］, er schilt［彼はしかる］
der Schemel［スツール］
der Schenk［居酒屋の主人］, die Schenke［居酒屋］
der Schenkel［太もも］
    schenken［プレゼントする］, das Geschenk［プレゼント］
der Scherben［（ガラス・陶器の）かけら］
die Schere［はさみ］, scheren［（毛を）刈る］, scherte oder schor［scherteまたはschor：過去基本形］, geschert oder geschoren［geschertまたはgeschoren：過去分詞］
die Schererei［もめごと］
der Scherz［冗談］, scherzen［冗談を言う、ふざける］, du scherzt［君は冗談を言う］, scherzweise［ふざけた］
die Scheu［物おじ］, scheu［物おじした］, scheuen［しりごみする］
die Scheuche［かかし］, scheuchen［追い払う］
die Scheuer［納屋］
    scheuern［ごしごし磨く］＝ reinigen［きれいにする］
die Scheune［納屋］
das Scheusal［怪物］

der **Schank**［酒類の小売り］
die **Schanze**［堡塁］
die **Schar**［群れ］
　　scharf［鋭い］, **schärfer**［比較級］
die **Schärfe**［鋭さ］, **schärfen**［鋭くする］
　　scharfsinnig［鋭敏な］
der **Scharlach**［緋色］
das **Scharnier**［ちょうつがい］
die **Schärpe**［飾り帯］
　　scharren［がりがり掻（か）く］
die **Scharte**［刃こぼれ］, **schartig**［刃こぼれした］
der **Schatten**［影］, **schattig**［日陰の］
　　schattieren［陰影をつける］, die **Schattierung**［陰影をつけること］
der **Schatz**［宝物］, **Schätze**［複数形］
　　schätzen［見積もる］, die **Schätzung**［見積もり］
der **Schauder**［身ぶるい］, **schaudern**［身ぶるいする］, **schauderhaft**［ぞっとするような］
　　schauen［見る］, **schaute**［過去基本形］, **geschaut**［過去分詞］
der **Schauer**［身ぶるい、にわか雨］, **schauern**［身ぶるいする、にわか雨がふる］, **schauerlich**［ぞっとするような］
die **Schaufel**［シャベル］, **schaufeln**［シャベルですくう］
die **Schaukel**［ブランコ］, **schaukeln**［揺り動かす］
der **Schaum**［泡］, **schäumen**［泡立つ］
das **Schauspiel**［劇］, der **Schauspieler**［俳優］
der **Scheck**［小切手］
　　scheckig［まだらの］
der **Scheffel**［（穀物を量るための）大型の升］
die **Scheibe**［円板］
　　scheiben［転がす］＝ schieben［転がす］
die **Scheide**［刀のさや］
　　scheiden［引き離す、離婚させる］, **schied**［過去基本形］, **geschieden**

小学生のための正書法辞典 [S] 159

　　schäbig [ぼろぼろの], die Schäbigkeit [みすぼらしさ]
die Schablone [型紙]
das Schach [チェス], Schachspiel [チェス、チェスの対局], Schachbrett [チェス盤]
　　schachern [あこぎな商売をする], der Schacherer [悪徳商人]
der Schacht [縦穴], Schächte [複数形]
die Schachtel [(ボール紙の) 蓋つきの箱]
　　schade [残念な]; es ist schade, daß ... […は残念だ]
der Schädel [頭蓋骨]
　　schaden [害する], der Schaden [損害], Schäden [複数形]
　　schadenfroh [他人の不幸を喜ぶ]
　　schadhaft [欠陥のある]
　　schädigen [損ねる], beschädigen [損害をあたえる]
　　schädlich [有害な]
das Schaf [羊], Schafherde [羊の群れ]
die Schafblattern [水疱瘡]
das Schaff, das Schaffel [たらい]
　　schaffen [創造する] = erschaffen [創造する]; schuf [過去基本形], geschaffen [過去分詞]
　　schaffen [なしとげる]: anschaffen [調達する], fortschaffen [運び出す]; schaffte [過去基本形], geschafft [過去分詞]
der Schaffner [車掌]
der Schaft [柄], Schäfte [複数形]
die Schale [(果物・穀類の) 皮], schälen [皮をむく]
der Schall [音響], schallen [鳴りひびく]
　　schalten [接続する], einschalten [スイッチを入れる], umschalten [(スイッチを) 切り替える]
der Schalter [窓口、スイッチ]
das Schaltjahr [うるう年]
die Scham [恥ずかしさ], sich schämen [恥じる]
die Schande [恥], schändlich [恥ずべき]

satt［満腹の］
der **Sattel**［（馬の）鞍］, **Sättel**［複数形］, **satteln**［鞍を置く］
sättigen［満腹にさせる］, **sättigend**［満腹にさせるような］
der **Sattler**［（鞍などをつくる）革職人］
der **Saturn**［土星］
der **Satz**［文］, **Sätze**［複数形］
die **Sau**［雌豚］, **Säue**［複数形］
sauber［清潔な］, die **Sauberkeit**［清潔］, **säuberlich**［入念な］
säubern［きれいにする］, die **Säuberung**［掃除］
die **Saubohne**［ソラマメ］
die **Sauce** (Soß)［ソース（ソース）］: **Saft**［（方言で）ソース］
sauer［すっぱい］, **säuerlich**［酸味のある］, **säuern**［発酵させる］
der **Sauerampfer**［スイバ（植物）］
der **Sauerstoff**［酸素］
der **Sauerteig**［パン種］
saufen［（動物が水などを）飲む、がぶ飲みする］, **soff**［過去基本形］, **gesoffen**［過去分詞］, du **säufst**［君はがぶがぶ飲む］, er **säuft**［彼はがぶがぶ飲む］, der **Säufer**［大酒飲み］, die **Sauferei**［暴飲］
saugen［吸う］, **sog**［過去基本形］, **gesogen**［過去分詞］, du **saugst**［君は吸う］, **saugt**［現在人称変化（3人称単数・2人称複数）］
säugen［授乳する］, **säugte**［過去基本形］, **gesäugt**［過去分詞］
das **Säugetier**［哺乳類］
der **Säugling**［乳児］
die **Säule**［円柱］
der **Saum**［（服の）すそ、縁取り］, **Säume**［複数形］
säumen［縁取りをする］
die **Säure**［酸味、酸］
sausen［うなりをあげる］, **säuseln**［ざわざわ音をたてる］
die **Schabe**［（方言で）小型の蛾］: **Motte**［小型の蛾］
schaben［（皮を）そぎおとす］

das **Sakrament**［秘跡］
die **Sakristei**［聖具室］
der **Salamander**［サンショウウオ］
die **Salami**［サラミ］
der **Salat**［サラダ］
die **Salbe**［軟膏］, salben［軟膏を塗る、香油を塗る］
der **Salbei**［サルビア］：Pflanze［植物］
die **Saline**［製塩所］= Salzwerk［製塩所］
der **Salmiak**［塩化アンモニウム］
der **Salon**［サロン］
der **Salpeter**［硝石］
die **Salve**［一斉射撃］
das **Salz**［塩］, salzen［塩を加える］, salzig［しょっぱい］, Salzsole［塩水］
der **Same**, die **Sämerei**［種］
　sammeln［集める］, die **S**ammlung［収集］
der **Samstag**［土曜日］
　samt［…とともに］= mitsamt［…とともに］
der **Samt**［ベルベット］：Stoff［生地］
　sämtlich［全部の］
der **Sand**［砂］, sandig［砂だらけの］
die **Sandale**［サンダル］
　sanft［ソフトな］, besänftigen［静める］
die **Sanftmut**［柔和］, sanftmütig［柔和な］
der **Sänger**［歌手］
　Sankt［聖…］：St. Stephan usw.［聖シュテファンなど］
das **Sanktus**［サンクトゥス（「聖なるかな」で始まる感謝の賛歌）］
die **Sardelle**［アンチョビ］
die **Sardine**［イワシ］
der **Sarg**［棺桶］, Särge［複数形］
der **Satan**［サタン］

der **Russe** [ロシア人], **r**ussisch [ロシアの], **R**ußland [ロシア]
der **Rüssel** [(動物の) 長い鼻]
    rüsten [軍備を整える], die **Rüstung** [軍備]
    rüstig [かくしゃくとした]
die **Rute** [細長いしなやかな枝]
    rutschen [滑る], die Rutschbahn [滑り台]
    rütteln [揺する]

S.

der **Saal** [広間、ホール], **S**äle [複数形]
die **Saat** [種まき]
der **Sabbat** (Samstag) [安息日 (土曜日)]
der **Säbel** [サーベル]
das **Saccharin** [サッカリン]: Süßstoff [人工甘味料]
die **Sache** [事柄]
    sächliches Geschlecht [(文法上の) 中性]
der **Sachse** [ザクセン人], Sachsen [ザクセン], sächsisch [ザクセンの]
    sachverständig [専門知識をもった]
der **Sack** [袋], Säcke [複数形], das **Säckchen** [小さい袋]
    säen [種をまく] = anbauen [栽培する]; säte [過去基本形], gesät [過去分詞], ich säe [私は種をまく], du säst [君は種をまく], sät [現在人称変化 (3人称単数・2人称複数)], **S**ämaschine [種まき機]
der **Safran** [サフラン]
der **Saft** [果汁], saftig [果汁の多い]
die **Sage** [伝説], **sagen** [言う], sagte [過去基本形], gesagt [過去分詞]
die **Säge** [のこぎり], **sägen** [のこぎりでひく]
die **Saison** [シーズン] = Hauptzeit [主要な時期]
die **Saite** [弦]: **Darmsaite** [ガット]

die **Rückkehr**, die Rückkunft [帰還]
rücklings [後ろに]
der **Rucksack** [リュックサック], Rucksäcke [複数形]
die **Rücksicht** [配慮], rücksichtslos [配慮のない], die **R**ücksichtslosigkeit [配慮のないこと]
rückwärtig [後ろの], **rückwärts** [後ろへ]
das **Rudel** [動物の群れ]
das **Ruder** [オール], rudern [ボートを漕ぐ]
Rudolf [ルードルフ], Rudi [ルーディ]
der **Ruf** [呼び声], **rufen** [呼ぶ]
der **Rufname** [呼び名]
rügen [非難する]
die **Ruhe** [休息], **ruhen** [休息する], ruhte [過去基本形], geruht [過去分詞]
ruhig [静かな]
der **Ruhm** [名声], **rühmen** [称賛する]
die **Ruhr** [赤痢]
rühren [動かす], die **R**ührung [感動]
die **Ruine** [廃墟]
ruinieren [損なう] = verderben [だめにする]
der **Rum** [ラム酒]：Branntwein [シュナップス]
die **Rumpelkammer** [がらくた置き場]
rumpeln [ガタガタ音をたてる]
der **Rumpf** [胴体], Rümpfe [複数形]
rund [丸い], die **R**undung [丸み], runden [丸くする], abrunden [（角をとって）丸くする], rundherum [まわりに], rundlich [丸っこい], rundum [まわりに], die **R**undschrift [丸く太い書体]
die **Runzel** [しわ], runzeln [しわを寄せる], runzlig [しわだらけの]
Rupert [ルーペルト], **Ruprecht** [ループレヒト]
rupfen [むしる]
der **Ruß** [すす], **rußen** [すすを出す], **rußig** [すすけた]

der **Roggen** [ライムギ] = Korn [穀物]
  roh [生の], roher [比較級], am rohesten [最上級], die **Roheit** [粗野]
das **Rohr** [管], die **Röhre** [(細めの) 管]
  röhren (schreien) [(発情期のシカが) うなる (鳴く)]
die **Rolle** [巻いたもの、役割], **rollen** [転がる]
  Rom [ローマ], **römisch** [ローマの]
der **Roman** [長編小説]
die **Rorate** [ロラテの主日]
das **Roß** [馬], Rosse [複数形], Roßhaar [馬の毛]
  rosa [バラ色の]：Farbe [色]
  Rosa, **Rosalie** (Namen) [ローザ、ロザーリエ (名前)]
die **Rose** [バラ], das Röschen [小さなバラ], rosenrot [バラ色の]
die **Rosette** [バラ型の装飾、バラ窓]
die **Rosine** [レーズン]
der **Rosmarin** [ローズマリー]
der **Rost** [錆 (さび)]
  rosten [錆びる] = verrosten [錆びる]
  rösten [ローストする] = braten [焼く]
  rot [赤い], **rötlich** [赤みを帯びた]
die **Röte** [赤み], **röten** [赤くする]
der **Rotlauf** [丹毒]：Krankheit [病気]
die **Rotte** [(盗賊などの) 集団]
der **Rotz** [鼻水]
die **Rübe** [カブ]
der **Rubin** [ルビー]
der **Ruck** [(瞬間的な) 動き], ruckweise [ぐいっと]
  rücken [動かす], rückte [過去基本形], gerückt [過去分詞]
der **Rücken** [背中]
die **Rückfahrkarte** [往復切符]
das **Rückgrat** [背骨]

小学生のための正書法辞典 [R]　153

- **riesig** [巨大な]
- das **Rind**, Rindfleisch, Rindsbraten, Rindvieh usw. [牛、牛肉、ローストビーフ、牛など]
- die **Rinde** [樹皮]：Baumrinde [樹皮]
- der **Ring** [輪、指輪]
- **ringeln** [輪にする]
- die **Ringelnatter** [ヨーロッパヤマカガシ]
- das **Ringelspiel** [メリーゴーラウンド]
- **ringen** [格闘する], rang [過去基本形], gerungen [過去分詞], der **R**ingkampf [格闘技]
- die **Ringlo** oder **Reineclaude** [RingloまたはReineclaude：レーヌクロード（果物）]（Sprich: Renklod）[（発音：レーンクロード）]
- **rings**, ringsherum [まわりに]
- die **Rinne** [溝]
- **rinnen** [（水・涙などが）流れる], rann [過去基本形], geronnen [過去分詞]
- das **Rinnsal** [細い流れ]
- die **Rippe** [肋骨]
- der **Riß** [裂け目], Risse [複数形]
- **riskieren** [危険を冒す], das **R**isiko [リスク]
- der **Rist** [足の甲]
- der **Ritt** [乗馬]
- der **Ritter** [騎士], ritterlich [騎士の]
- der **Ritz** [ひっかき傷、裂け目], die **Ritze** [裂け目]
- **ritzen** [ひっかき傷をつくる、刻む], ritzte [過去基本形], geritzt [過去分詞], du ritzt [君は刻みつける]
- **Robert** [ローベルト]
- **röcheln** [（重病人が）あえぐ]
- der **Rock** [スカート], Röcke [複数形]
- der **Rocken** [糸巻き棒] = Spinnrocken [糸巻き棒]
- die **Rodel** [そり], rodeln [そりですべる], Rodelbahn [そりの滑走路]

die **R**etorte [レトルト]
  retour [戻って] = zurück [戻って]；die **R**etourkarte [往復切符] = Rückfahrkarte [往復切符]
  retten [救う], die **R**ettung [救助]
der **R**ettich [ダイコン]
die **R**eue [後悔], reuen [後悔させる], es reut mich [私は後悔している], bereuen [後悔する]
  reuten (Wald, Unkraut) [開墾する、掘り起こす (森、雑草)]
die **R**euter [(穀物用の) 篩 (ふるい)] = Sieb [篩 (ふるい)]；reutern [篩 (ふるい) にかける]
das **R**evier [管轄区域]
die **R**evolution [革命]：Umsturz [転覆]
der **R**evolver [リボルバー]
das **R**ezept [処方箋]
der **R**hein [ライン]：Fluß [川]
das **R**heuma oder der **R**heumatismus [das Rheuma または der Rheumatismus：リウマチ], rheumatisch [リウマチの]
der **R**hombus [菱形]：Viereck [四角形]
die **R**ibisel [スグリ]
  Richard [リヒャルト]
  richten [向ける]
der **R**ichter [裁判官]
  richtig [正しい、真の], die **R**ichtigkeit [正しさ]
die **R**ichtung [方向]
  riechen [においがする], roch [過去基本形], gerochen [過去分詞]
die **R**iege [(体操の) チーム]
der **R**iegel [かんぬき], riegeln [かんぬきをかける]
der **R**iemen [ひも]
der **R**iese [巨人], riesig [巨大な]
die **R**iese [すべり道] = Holzrutsche [材木運搬用の滑走路]
  rieseln [さらさらと流れる]

る]
  rekommandiert [書留の] = eingeschrieben [書留の]
der **Rekord** [レコード] = Höchstleistung [最高記録]
das **Relief** [レリーフ]
die **Religion** [宗教], **religiös** [宗教の]
die **Reliquie** [聖遺物]
die **Remise** [物置]
  rempeln, anrempeln [突きとばす]
  renken [ねじる], ausrenken, verrenken usw. [脱臼する、脱臼させる、など]
  rennen [走る], rannte [過去基本形], gerannt [過去分詞], das **R**ennen [レース] = Wettrennen [競走]；Rennbahn [競走路]
das **Renntier** [トナカイ]
  renovieren [修復する]：ausbessern [修理する]；die **R**enovierung [修復]
die **Rente** [年金、利子]
  rentieren [利子を生む、もうかる], es rentiert sich [利子を生む、もうかる]
die **Reparatur** [修理], **reparieren** [修理する]
der **Repetent** [留年生]
  repetieren [くり返す] = wiederholen [くり返す]
die **Republik** [共和国], der Republikaner [共和主義者], republikanisch [共和国の]
das **Requiem** [レクイエム] = Totenmesse [死者のためのミサ]
  reservieren [予約する], reserviert [予約ずみの]
das **Reservoir** [貯水槽] = Behälter [タンク]
  Resi (von Theresia) [レーズィ（テレージアから）]
der **Respekt** [敬意]
der **Rest** [残り]
das **Restaurant** [レストラン], der **R**estaurateur [レストランの主人], die Restauration [レストラン]

der **Reif** [霜]：Frost [霜], be**r**eift [霜のおりた]

der **Reifen** [輪、タイヤ] = Ring [輪]；ein Rad be**r**eifen [車輪にタイヤをつける]

der **Reigen** [輪舞]

die **Reihe** [列], **r**eihen [並べる]

die **Reihenfolge** [順序]

der **Reiher** [鷺（さぎ）]

der **Reim** [韻], **r**eimen [韻を踏ませる]

rein [純粋な], reinlich [きれい好きな]

das **Reindl** [小型の平鍋] = Pfanne [フライパン]

reinigen [きれいにする], die **R**einigung [掃除]

reinlich [清潔な], die **R**einlichkeit [清潔さ]

der **Reis** [米], Reissuppe [ライススープ]

Reißaus nehmen [逃げ出す]

der **Reisbesen** [柴ぼうき]

das **Reißbrett** [製図板]

die **Reise** [旅行], **r**eisen [旅行する], reiste [過去基本形], gereist [過去分詞], du reist [君は旅をする], der **R**eisende [旅行者]

reißen [引き裂く], riß [過去基本形], gerissen [過去分詞], du reißt [君は引き裂く], der **R**iß [裂け目], das **R**eißen [リウマチ] = Gliederreißen [四肢痛]；reißend [激しい]

die **Reißfeder** [製図用ペン], Reißschiene [Ｔ定規], Reißzeug [製図用具]

das **Reisig** [柴]

reiten [（馬などに）乗る], der **R**eiter [騎手]

der **Reiz** [刺激], die Reizung [刺激]

reizen [刺激する], reizbar [過敏な]

reizend [魅力的な], am reizendsten [最上級]

der **Reizker** [チチタケ]：Pilz [キノコ]

die **Reklame** [広告]

reklamieren [返還を要求する] = zurückfordern [返還を要求す

der **Redner** [スピーチをする人]
    reell [正直な] = ehrlich [誠実な]
    reflektieren [反射する], der **Reflektor** [反射鏡]
der **Reflex** [反射]
die **Reform** [改革], reform**ie**ren [改革する]
die **Reformation** [宗教改革]
    rege [活発な], reger Verkehr [活発な交通]
die **Regel** [規則], **regeln** [規制する]
    regelmäßig [規則的な], die **Regelmäßigkeit** [規則正しさ]
    regelrecht [規則どおりの]
    regen [動かす] = bewegen [動かす]
der **Regen** [雨], Regenbogen [虹]
der **Regent** [君主] = Herrscher [支配者]
    regieren [統治する], die **Regierung** [統治、政府], Regierungsrat [参事官]
das **Regiment** [連隊]
das **Register** [記録簿、索引], registr**ie**ren [登録する]
    regnen [雨が降る], regnerisch [雨の多い]
    regulieren [調整する], die **Regulierung** [調整]
das **Reh** [ノロジカ], Rehe [複数形], Rehbock [ノロジカの雄], Rehgeiß [ノロジカの雌]
    reiben [こする], r**ie**b [過去基本形], ger**ie**ben [過去分詞]
die **Reibung** [摩擦]
    reich [金持ちの], reich und arm [金持ちも貧乏人も]
das **Reich** [帝国], Deutsches Reich [ドイツ帝国]
    reichen, hinreichen […まで達する、足りる]
    reichlich [十分な]
    reichsdeutsch [ドイツ国民の], der **Reichsdeutsche** [ドイツ国民]
der **Reichtum** [富], -tümer [複数形]
    reif [熟した], **reifen** [熟する] = reif werden [熟した状態になる]

die **Realschule** [実科学校], der Realschüler [実科学校生]

das **Reaumur=Thermometer** [レオミュール温度計]

die **Rebe**, Weinrebe [葡萄]

der **Rebell** [反乱者], **rebellisch** [反逆的な], rebellieren [反乱を起こす]

das **Rebhuhn** [ヨーロッパヤマウズラ], =hühner [複数形]

die **Rebschnur** [丈夫なひも], =schnüre [複数形]

der **Rebus** [判じ絵], Rebusse [複数形]

der **Rechen** [レーキ], rechen [レーキでかき集める], **Heurechen** [干し草用レーキ]

das **Rechenbuch**, Rechenheft, Rechenstunde usw. [算数の教科書、算数のノート、算数の授業など]

rechnen [計算する], der **Rechner** [計算する人], die **Rechnung** [計算]

recht [正しい]：richtig [正しい]；dir geschieht recht [君にとって当然だ], du hast recht [君の言うとおりだ], nichts **Rechtes** [まともなことが何もない]

das **Recht** [権利、法、正当性]

rechte [右の], die rechte Hand [右手]

das **Rechteck** [長方形], **rechteckig** [長方形の]

rechtfertigen [正当化する], die **Rechtfertigung** [正当化]

rechts [右に], rechtsum! [右向け右！]

der **Rechtsanwalt** [弁護士]

die **Rechtschreibung** [正書法]

rechtwinkelig [直角の]

rechtzeitig [よいタイミングの]

das **Reck** [鉄棒]

recken [伸ばす], sich recken [伸びをする]

die **Rede** [スピーチ], **reden** [話す]

die **Redensart** [慣用句]

redlich [誠実な], die **Redlichkeit** [誠実さ]

ratlos [途方に暮れた]
die **Ratsche** [(おもちゃの) がらがら], **ratschen** [がらがらを鳴らす]
das **Rätsel** [謎]
die **Ratte** [ラット]: Nagetier [ネズミ目の動物]
der **Raub** [奪うこと], **rauben** [奪う], der **Räuber** [強盗], Raubritter [盗賊騎士], Raubtier [肉食獣]
der **Rauch** [煙], **rauchen** [タバコを吸う], der **Raucher** [喫煙者]
räuchern [燻製にする], die **Räucherung** [燻製]
der **Rauchfang** [煙突], Rauchfänge [複数形], Rauchfangkehrer [煙突掃除人]
die **Räude** [疥癬], **räudig** [疥癬にかかった]
die **Raufe** [飼料棚] = Futterraufe [飼料棚]
raufen [取っ組み合う], der **Raufer** [乱暴者], die **Rauferei** [取っ組み合い]
rauh [ざらざらした], **rauher** [比較級], am **rauhesten** [最上級], die **Rauhigkeit**, die **Rauheit** [粗いこと]
der **Raum** [空間、場所], **Räume** [複数形]
räumen, einräumen, aufräumen, wegräumen usw. [空にする、収納する、片づける、取り除く、など], die **Räumung** [空にすること]
raunzen [泣き言をいう], der **Raunzer** [不平家]
die **Raupe** [毛虫]
der **Rausch** [酔い], Räusche [複数形], **berauscht** [酔った]
rauschen [(風や水が) ざわめく、音を立てて歩く], du rauschst [君は音を立てて歩く]
räuspern [咳払いする]
die **Raute** [ひし形]
der **Rayon** (Umkreis, Gebiet) [管轄区域 (範囲、地域)], **rayonieren** [地区に分ける], **rayoniert** [区分けされた]
die **Realität** [現実、(方言で) 不動産], Realitätenbesitzer [不動産所有者]

die **Ranke** [（植物の）つる], **ranken** [巻き付く]
　ranzig [悪くなった油のような]
　rapid [急速な] = schnell [速い]
der **Rappe** [黒毛の馬]
der **Rappel** [一時的な錯乱], **rappeln** [錯乱する]
der **Raps** [セイヨウアブラナ]
　rar [まれな], die **Rarität** [まれなこと]
　rasch [速い], rascher [比較級], am raschesten [最上級]
　rascheln [カサカサ音をたてる]
der **Rasen** (Gras) [芝（草）]
　rasen [荒れ狂う] = wüten [怒り狂う]；rasend [荒れ狂った、猛スピードの]
der **Raseur** [理容師]
　rasieren [ひげをそる], der **R**asierer [理容師]
　räsonieren [理屈を並べる] = streiten [争う]
die **Raspel** [やすり], **r**aspeln [やすりをかける]
die **Rasse** [人種], **rassig** [（馬などが）純血種の]
　rasseln [ガチャガチャ音をたてる]
die **Rast** [休憩], **rasten** [休憩する]
das **Rastel** [（植木鉢などの）下敷き用の金網細工], Rastelbinder [篩（ふるい）を作る職人]
der **Raster** [（印刷用の）網目スクリーン], **r**ast**r**ieren [格子模様をつける]
　rastlos [休むことのない]
der **Rat** [助言], die **Ratschläge** [複数形]
der **Rat** [評議会]：Gemeinderat [市・町・村議会], Nationalrat [国民議会]；Räte [複数形]
　raten [助言する], riet [過去基本形], geraten [過去分詞], du rätst [君は助言する], rät [現在人称変化（3人称単数）]
die **Rate** [分割払い]：Zahlung [支払い]；**ratenweise** [分割払いで]
das **Rathaus** [市役所]

der **Rabe** [カラス], **r**abenschwarz [真っ黒な]
　　rabiat [乱暴な]
die **Rache** [復讐], **rächen** […の復讐をする], sich rächen [復讐する]
der **Rachen** [のど]
die **Rachitis** [くる病] = englische Krankheit [イギリス病], **rachitisch** [くる病の]
der **Racker** [いたずらっ子]
　　rackern [あくせく働く] = schinden [あくせく働く]
das **Rad** [車輪], Räder [複数形]
　　radeln [自転車で行く] = **radfahren** [自転車で走る], **R**adfahrer [自転車に乗る人] = Radler [自転車に乗る人]
　　radieren [（消しゴムで）消す], der **R**adiergummi [消しゴム]
das **Radieschen** [ハツカダイコン]
der **Radioapparat** [ラジオ], **Radio...** [ラジオ…]
der **Radler** [自転車に乗る人]
　　raffen [さっと取る]
die **Raffinerie** [精製工場]
　　raffinieren [精製する], raffiniert [洗練された]
　　ragen [そびえる], hervorragen [抜きんでる]
der **Rahm** [クリーム], **a**brahmen [（牛乳から）乳脂を取り除く]
der **Rahmen** [枠], einrahmen [枠に入れる]
die **Raiffeisenkasse** (ländliche Sparkasse) [ライフアイゼン貯蓄銀行（オーストリアの貯蓄銀行）]
der **Rain** [畦（あぜ）] = Ackergrenze [畑の境界]
die **Rakete** [ロケット、打ち上げ花火]
　　rammen [（杭を）打ち込む] = einschlagen [（杭を）打ち込む]
die **Rampe** [傾斜路]
der **Rand** [縁], Ränder [複数形], **u**mranden [縁取りする]
der **Rang** [地位、等級], Ränge [複数形]
der **Range** (Bub) [元気な少年（男の子）]
der **Rangierbahnhof** [操車場]

der **Qualm**［煙］, **qualmen**［煙を出す］

die **Quantität**［量］, das **Quantum**［数量］

das **Quargel**［クアルゲル（チーズ）］

der **Quark**［凝乳］

die **Quart**［（音程の）4度］

das **Quartett** (vierstimmiges Tonstück)［四重奏曲（4声部の楽曲）］

das **Quartier**［宿］= Wohnung［住居］

der **Quarz**［石英］

die **Quaste**［ふさ飾り］

der **Quatember**［四季の斎日］

der **Quatsch**［ばかばかしい言動］, **quatschig**［ばかげた］

das **Quecksilber**［水銀］

die **Quelle**［泉］, **quellen**［わき出る］, **quoll**［過去基本形］, **gequollen**［過去分詞］, **es quillt**［わき出ている］, **aufquellen lassen**［ふくらませる］

quer［横に］, **kreuz und quer**［縦横に］, **querüber**［斜め向かいに］, in die **Quere**［斜めに］

der **Querschnitt**［横断面］

quetschen［押しつぶす］, die **Quetsche**［圧搾機］, die **Quetschung**［押しつぶすこと］

quieken［キーキー鳴く］, **quietschen**［キーキーきしむ］

die **Quint**［（音程の）5度］

der **Quirl**［泡だて器］, **quirlen**［かきまぜる］

quitt［貸し借りのない］= ausgeglichen［差し引きゼロの］

die **Quitte**［マルメロ］: Apfel［リンゴ］

die **Quittung**［領収書］, **quittieren**［領収書にサインする］

der **Quotient**［（割り算の）商］

R.

der **Rabbiner** (jüdischer Prediger, Religionslehrer)［ラビ（ユダヤ教の説教師、導師）］

der **Puder**［パウダー］, **pudern**［パウダーをつける］
der **Puff**［こぶしで突くこと］, Püffe［複数形］, **puffen**［小突く］
der **Puffer**［（車両の）緩衝装置］
der **Puls**［脈］, Pulsader［動脈］
das **Pult**［斜面机］
das **Pulver**［粉］, **pulver**is**ieren**［粉末にする］
die **Pumpe**［ポンプ］, **pumpen**［ポンプで吸う］
der **Punkt**［点］, **punkt**ier**en**［点を打つ］
    pünktlich［時間どおりの］, die **Pünktlichkeit**［時間に正確なこと］
der **Punsch**［ポンチ］
die **Punze**［押し抜き機、極印］, **punz**ier**en**［打ち抜く、極印する］
die **Pupille**［瞳］
die **Puppe**［人形］
das **Püree**［ピューレ］
    purpurrot［深紅の］
der **Purzelbaum**［とんぼ返り］, ‑bäume［複数形］
    purzeln［ひっくり返る］
die **Pustel**［膿疱］
der **Putz**［化粧塗り］, **putzen**［きれいにする］, putzte［過去基本形］, geputzt［過去分詞］, der **Putzer**［掃除夫］
die **Pyramide**［ピラミッド］
der **pythagoreische Lehrsatz**［ピタゴラスの定理］

Q.

der **Quader**［角石］
das **Quadrat**［正方形、2乗］, **quadrat**isch［正方形の、2乗の］, der Quadratmeter［平方メートル］
    quadrier**en**［2乗する］
    quaken［ガアガア鳴く］
die **Qual**［苦痛］, **quälen**［苦しめる］, der **Quäler**［苦しめる人］
die **Qualität**［質］

produzieren [生産する]

die **Profession** [職業] = Handwerk, Beruf [職業]; der Professionist [専門家]

der **Professor** [教授]

das **Profil** [横顔]

der **Profit** [もうけ], **profi**tieren [もうける]

das **Programm** [プログラム]

der **Proletarier** [プロレタリア]: Besitzloser [無産者]

die **Promenade** [遊歩道、散歩]: Weg [道], Spaziergang [散歩]

der **Propeller** [プロペラ]

der **Prophet** [予言者], **prophe**zeien [予言する], die **Prophe**zeiung [予言]

prosit! prost! [乾杯！]

die **Protektion** [保護]

der **Protest** [抗議]

der **Protestant** [プロテスタント], **protest**antisch [プロテスタントの]

der **Protz** [ひけらかす人], **protz**en [ひけらかす], **protz**ig [ひけらかすような]

der **Proviant** [携帯食料]

die **Provinz** [田舎]

provisorisch [暫定の]

das **Prozent** [パーセント]

der **Prozeß** [訴訟], **-sse** [複数形], **proz**essieren [訴訟を起こす]

die **Prozession** [行列]

prüfen [検査する], die **Prüfung** [検査、試験]

der **Prügel** [棍棒（こんぼう）], die **Prügel** [殴ること], **prügel**n [殴る], die Prügelei [殴り合い]

prunkvoll [きらびやかな]

der **Psalm** [(旧約聖書「詩篇」の) 詩]

das **Publikum** [観客]

der **Pudel** [プードル]

der **Prater** [プラーター（ウィーンにある公園）]
die **Praxis** [実践]
 predigen [説教する], die **Predigt** [説教]
der **Preis** [賞、値段], **anpreisen** [ほめそやす]
die **Preiselbeere** [コケモモ]
 preisen [たたえる], **pries** [過去基本形], gepriesen [過去分詞], du preist [君はたたえる]
der **Preiskurant** [価格表] = Preisverzeichnis [価格表]
 prellen [ぶつかる、欺く]
die **Presse** [新聞雑誌], **pressen** [圧する], **preßte** [過去基本形], **gepreßt** [過去分詞], Preßhefe [圧搾酵母], Preßwurst [ゼラチン状ソーセージ]
 pressieren [差し迫っている], **pressiert** [差し迫った]
der **Preuße** [プロイセン人], **preußisch** [プロイセンの], Preußen [プロイセン]
 prickeln [ちくちくする]
der **Priester** [司祭]
 prima Qualität [特級品] = erste Güte [一級品]
der **Primararzt**, der Primarius [医長]
die **Primaware** [一級品]
die **Primel** [サクラソウ] = Schlüsselblume [サクラソウ]
 primitiv [未開の、シンプルな] = einfach [素朴な]
die **Primzahl** [素数]
der **Prinz** [王子], die **Prinzessin** [王女], -innen [王女：複数形]
das **Prisma** [プリズム], Prismen [複数形]
 privat [私的な], der **Privatier** [金利（年金）生活者]
 pro ... […につき], pro Tag [1日あたり], pro Stück [1個あたり]
die **Probe** [試すこと、リハーサル], **proben** [リハーサルする]
 probieren [試す]
das **Produkt** [生産物]
die **Produktion** [生産]

der **Portlandzement** [セメント]

das **Porto** [郵送料], **p**ortofrei [郵送料無料の]

das **Porträt** [肖像画], **p**orträt**ie**ren [肖像画を描く]

Portugal [ポルトガル], der Portug**ie**se [ポルトガル人], **p**ortug**ie**sisch [ポルトガルの]

das **Porzellan** [磁器], **p**orzellanen [磁器の] = aus Porzellan [磁器製の]: ein porzellanener Teller [磁器の皿]

die **Posaune** [トロンボーン], **p**osaunen [トロンボーンを吹く]

positiv [肯定的な]

die **Posse** [道化芝居]

die **Post** [郵便], **P**ostamt [郵便局], **P**ostbote [郵便配達人], **p**ostlagernd [局留めの], **p**ostwendend [折り返しの便で]

die **Postarbeit** [緊急の仕事]

der **Posten** [地位]

postieren [人員を配置する]

der **Powidel** [プラムのソース]

die **Pracht** [華麗], **p**rächtig [華麗な], **p**rachtvoll [華麗な]

Prag [プラハ]

prägen [型押しする], die **P**rägung [型押し]

prahlen [自慢する] = groß tun [自慢する]

der **Praktikant** [実習生]

praktisch [実際的な]

der **Prälat** [高位の聖職者]

prallen [衝突する] = anstoßen [ぶつかる]

die **Prämie** [賞] = Preis [賞]; **p**räm**ii**eren [賞をあたえる], prämiiert [受賞した], die Prämiierung [賞の授与]

die **Pranke** [猛獣の前足]

präparieren [標本をつくる]

die **Prärie** [プレーリー]

der **Präsident** [大統領, 長官]

prasseln [ぱらぱら音をたてる]

plündern [略奪する], die **Plünderung** [略奪]
die **Plunze** [ブラッドソーセージ] = Blutwurst [ブラッドソーセージ]
der **Plüsch** [プリュッシュ（織物）]
die **Pneumatik** [気体力学]
pochen [とんとん叩く]
das **Podium** [壇]
poetisch [詩の]
der **Pol** [極]
der **Polarstern** [北極星]
Poldi [ポルディ] = Leopoldine [レオポルディーネ]
Polen [ポーランド], **polnisch** [ポーランドの]
der **Polier** [大工の棟梁] = Bauführer [建築現場の監督]
polieren [みがく], die **Politur** [つや]
die **Politik** [政治], **politisch** [政治の]
die **Politur** [つや]
die **Polizei** [警察], **polizeilich** [警察の], **polizeiwidrig** [警察の命令に違反した]
der **Polizist** [警察官]
der **Pollen** [花粉] = Blütenstaub [花粉]
polnisch [ポーランドの]
der **Polster** [クッション], **polstern** [クッションを入れる]
poltern [ガタガタ音をたてる]
der **Polyp** [ポリープ]
die **Pomade** [ポマード]
die **Pomeranze** [ダイダイ] = Orange [オレンジ]
das **Pony** [ポニー]
die **Pore** [毛穴], **porös** [小さい穴のあいた]
das **Portemonnaie** [財布] = Geldbörse [財布]
der **Portier** [門番]
die **Portion** [（食べ物の）一人前]

das **Plakat** [ポスター], **plak**a**tieren** [ポスターを貼る]
der **Plan** [計画], **Pläne** [複数形], **planen** [計画する], planlos [無計画な]
der **Planet** [惑星]
der **Planiglob** [半球の世界地図] = Weltkarte [世界地図]
die **Planke** [厚板]
 plänkeln [小競り合いする], die **Plänkelei** [小競り合い]
 planlos [無計画な], **planmäßig** [計画的な]
 plärren [わめく] = schreien [叫ぶ]
das **Plastilin** [彫刻用の粘土]
die **Platane** [プラタナス]：ein Ahorn [カエデ]
das **Plateau** [高原] = Hochebene [高原]
das **Platin** [プラチナ]
 plätschern [ぴちゃぴちゃ音をたてる]
 platt drücken [ぺしゃんこにする]
die **Platte** [板], Herdplatte [耐熱板]
 plätten [アイロンをかける] = bügeln [アイロンをかける]
die **Plattform** [展望台]
der **Plattfuß** [扁平足], **plattfüß**i**g** [扁平足の]
der **Platz** [場所、席], **Plätze** [複数形], Platz machen, nehmen [場所をあける、席につく]
 platzen, **zerplatzen** [破裂する]
der **Platzregen** [にわか雨]
 plaudern [おしゃべりする], die **P**laud**erei** [おしゃべり], der Plauderer [話し上手な人]
 plauschen [おしゃべりする] = plaudern [おしゃべりする]
die **Plombe** [(鉛の) 封印], **p**lomb**ieren** [鉛で封印する]
 plötzlich [突然の]
 plump [(太って) 動きが鈍い]
 plumpsen [どしんと落ちる]
der **Plunder** [がらくた]

der **Pharisäer** [パリサイ人]
　Philipp [フィーリプ]
der **Philister** [ペリシテ人、俗物]
der **Phosphor** [燐]
der **Photograph** [カメラマン], **photograph**ieren [写真を撮る], die **Photograph**ie [写真], **photograph**isch [写真の]
das **Pianino** [アップライトピアノ] : Klavier [ピアノ]
　piano [ピアノ] = leise [弱く]
　pichen [瀝青を塗る] = mit Pech verschmieren [瀝青を塗ってふさぐ]
　picken [ついばむ]
　piepsen [ぴよぴよ鳴く]
der **Pikkolo** [見習いのウエーター] = Kellnerjunge [若いウエーター]
der **Pilger** [巡礼者], **pilger**n [巡礼する]
die **Pille** [錠剤]
der **Pilot** [パイロット] = Lenker [操縦士]
die **Pilote** [杭] = Pfahl [杭]
das **Pilsnerbier** [ピルスナー（ビール）]
der **Pilz** [キノコ]
der **Pinscher** oder **Pintscher** [PinscherまたはPintscher : ピンシャー（犬）]
der **Pinsel** [筆], **pinsel**n [筆で描く]
der **Pinzgauer** [ピンツガウ地方の人]
der **Pips** [鼻風邪] : Krankheit [病気]
die **Pirsch** [忍び猟], **pirsch**en [忍び猟をする]
das **Pissoir** [男性用の公衆トイレ]
die **Pistazie** [ピスタチオ]
die **Pistole** [ピストル]
die **Plache** [防水シート]
der **Plafond** [天井] = Zimmerdecke [天井]
die **Plage** [悩みの種], **plag**en [悩ませる]

die **Pfeife** [笛], **pfeifen** [口笛を吹く、笛を吹く], ich pfiff [私は口笛を吹いた：過去形], gepfiffen [過去分詞], der Pfiff [口笛の音]

der **Pfeil** [矢]

der **Pfeiler** [柱]

der **Pfennig** [ペニヒ]

pferchen, einpferchen [柵の中に入れる]

das **Pferd** [馬], zu Pferde [馬で]

der **Pfiff** [口笛の音]

pfiffig [抜け目のない], die **Pfiffigkeit** [抜け目のないこと]

die **Pfingsten** [聖霊降臨祭]

der **Pfirsich** [桃]

die **Pflanze** [植物], **pflanzen** [植える], du pflanzt [君は植える], der Pflanzer [農園主]

das **Pflaster** [舗装], **pflastern** [舗装する], der Pflasterer [舗装業者]

die **Pflaume** [プラム]

die **Pflege** [世話], **pflegen** [世話をする], der Pfleger [世話をする人]

die **Pflicht** [義務], **p**flichttreu [義務に忠実な]

der **Pflock** [(短い) 杭], Pflöcke [複数形]

pflücken [摘む] = **abpflücken** [摘み取る]

der **Pflug** [鋤 (すき)], Pflüge [複数形], **pflügen** [鋤 (すき) で耕す]

die **Pflugschar** [鋤 (すき) の刃]

der **Pfosten** [支柱]

die **Pfote** [(動物の) 前足]

der **Pfriem** [錐]

der **Pfropfen** [栓], **pfropfen** [栓をする]

pfui! [ちぇっ！]

das **Pfund** [ポンド]

pfuschen [やっつけ仕事をする], der **Pfuscher** [やっつけ仕事をする人], die **Pfuscherei** [やっつけ仕事]

die **Pfütze** [水たまり]

die **Phantasie** [空想力], **p**hantasieren [空想する]

der **Pelz** [毛皮]
das **Pendel** [振り子], **pendeln** [揺れ動く], Pendeluhr [振り子時計]
die **Pension** [年金], **pensionieren** [(年金をつけて) 退職させる]
das **Pensionat** [寄宿学校]
 Pepi [ペーピ] = Josef [ヨーゼフ]
 per […によって、…につき], per Stück [1個あたり]
das **Pergament** [羊皮紙]
die **Perle** [真珠], das **Perlmutter** [真珠層]
der **Perpendikel** [(時計の) 振り子]
der **Perron** [プラットホーム] = Bahnsteig [プラットホーム]
die **Person** [人]
das **Personal** [従業員]
 persönlich [個人の], die **Persönlichkeit** [人格]
die **Perücke** [かつら]
die **Pest** [ペスト], Pestsäule [ペスト記念塔]
 Peter [ペーター]
die **Petersilie** [パセリ]
das **Petroleum** [石油]
 Petrus [ペテロ、ペートルス]
das **Petschaft** [封印], **petschieren** [封印する]
der **Pfad** [小道], Pfadfinder [ボーイスカウトの隊員]
der **Pfahl** [杭], Pfähle [複数形]
der **Pfaidler** [シャツ], die Pfaidlerei [裁縫用品店]
das **Pfand** [担保], Pfänder [複数形], **pfänden** [差し押さえる]
die **Pfanne** [フライパン], Pfannkuchen [パンケーキ]
die **Pfarre**, die **Pfarrei** [(小) 教区], der **Pfarrer** [(プロテスタント) 牧師、(カトリック) 主任司祭], Pfarramt [牧師 (司祭) 職、牧師 (司祭) 館]
der **Pfau** [クジャク]
der **Pfeffer** [胡椒], pfeffern [胡椒をかける], Pfefferkuchen [プフェッファークーヘン (蜂蜜・胡椒入りのケーキ)]

passen [ぴったり合う、注意を払う], paßte [過去基本形], gepaßt [過去分詞], es paßt [好都合である], paß auf! [気をつけろ！]

passieren [起こる、通過する], passiert [過去分詞、現在人称変化（3人称単数・2人称複数）]

die **Passion** [情熱、受難]

die **Pasta**, die **Paste** [ペースト], Pasten [複数形]

die **Pastille** [錠剤]

der **Pastor** [牧師、司祭]

der **Pate** [代父], die Patin [代母], ⸝innen [代母：複数形]

das **Patent** [特許], patent [すぐれた] = fein, ausgezeichnet [すばらしい]；patentieren [特許をあたえる]

der **Pater** [神父], Patres [複数形]

der **Patient** [患者]

die **Patin** [代母], ⸝innen [代母：複数形]

der **Patron** [パトロン]

die **Patrone** [薬莢（カートリッジ）、(模様織りの) 織り方図], patronieren [織り方図を描く]

patzen [しくじる], patzte [過去基本形], gepatzt [過去分詞], du patzt [君はしくじる], der **Patzer** [へまをする人、小さなミス]

die **Pauke** [ティンパニ], **pauken** [ティンパニをたたく]

Paul [パウル], Paula [パウラ], Pauline [パウリーネ], Paulus [パウロ]

die **Pause** [休憩]

pausen [透写する] = durchzeichnen [透写する]

pausieren [休憩する] = ausruhen [休む]

das **Pauspapier** [トレーシングペーパー]

das **Pech** [ピッチ（瀝青)、不運], pechig [真っ黒な], ein Pech haben [運が悪い]

peinigen [苦しめる], der **Peiniger** [苦しめる人]

peinlich [気まずい]

die **Peitsche** [むち], **peitschen** [むちで打つ]

小学生のための正書法辞典 [P] 133

der **Papagei** [オウム]

das **Papier** [紙]

der **Papp** [おかゆ]

die **Pappe** [ボール紙], Dachpappe [屋根紙（ルーフィングシート）]

der **Pappendeckel** [ボール紙（の表紙）]

der **Paprika** [パプリカ]

der **Papst** [教皇], Päpste [複数形], päpstlich [教皇の]

die **Parade** [パレード]

der **Paradeisapfel** [トマト], ‑äpfel [複数形]

das **Paradies** [楽園]

das **Paraffin** [パラフィン], Paraffinkerze [パラフィンろうそく]

der **Paragraph** [パラグラフ]

　　parallel [平行の] = gleichlaufend [平行の]

das **Parallelogramm** [平行四辺形]

　　parat [準備のできた] = bereit [準備のできた]

das **Pärchen** (von Paar) [若いカップル（Paar「ペア」から）]

das **Parfüm** [香水], die Parfümerie [化粧品店], parfümieren [香水をつける]

　　parieren [服従する] = folgen [従う]

der **Park** [公園]

das **Parkett** [（劇場の）平土間席、寄せ木張りの床], Parkettboden [寄せ木張りの床]

das **Parlament** [議会]

die **Partei** [党]

das **Parterre** [1階] = Erdgeschoß [グラウンドフロア]; parterre [1階に] = ebenerdig [1階の]

der **Partezettel** [死亡通知]

die **Partie** [部分]

der **Paß** [身分証、パスポート], Pässe [複数形], des Passes [身分証の：単数2格]

der **Passagier** [乗客] = Reisender [旅客]

Otto［オットー］
oval［楕円形の］
der Ozean［大洋］

P.

paar［二、三の］, ein paar［二、三の］= einige［二、三の］; ein paar Äpfel［二、三個のリンゴ］

das Paar［ペア］= zwei, die zusammengehören［二つで一組になっているもの］; ein Paar Schuhe［1足の靴］, das Pärchen［若いカップル］, paarweise［ペアで］

die Pacht［賃貸借］, pachten［賃借りする］, pachtweise［賃貸借で］, der Pächter［賃借り人］

der Pack［包み］, das Packel［小さな包み］

packen［荷造りする］, der Packer［荷造り人］, die Packerei［荷造り］

paffen［(タバコを) ぷかぷか吹かす］

das Paket［小包］

der Palast［宮殿］, Paläste［複数形］

Palästina［パレスチナ］

der Paletot［パルトー (オーバーコート)］= Überrock［オーバーコート］

die Palette［パレット］

die Palme［ヤシ］, Palmkätzchen［ヤマネコヤナギの花］

panieren［(卵黄とパン粉で) 衣をつける］, paniertes Schnitzel［カツレツ］

der Pansen［反芻動物の第1胃］: Magen［胃］

der Pantoffel［スリッパ］, die Pantoffeln［複数形］

pantschen［水で薄める］, der Pantscher［薄めた酒の製造者］, Weinpantscher［薄めたワインの製造者］

der Panzer［甲冑］, panzern［装甲する］

der Papa［パパ、教皇］

die **Olive** [オリーブ], Olivenöl [オリーブオイル]
die **Omelette** [オムレツ]
der **Onkel** [おじ]
die **Oper** [オペラ], die **Operette** [オペレッタ]
die **Operation** [手術、作戦], operieren [手術する]
das **Opfer** [犠牲 (者)], opfern [犠牲にする], die **Opferung** [犠牲になる (する) こと]
der **Optiker** [眼鏡屋]
die **Orange** [オレンジ] = Pomeranze [ダイダイ]
das **Orchester** [オーケストラ]
der **Orden** [修道会、勲章]
 ordentlich [秩序正しい]
 ordinär [下品な] = gemein [下品な]
die **Ordination** [(カトリック) 叙階式、(方言) 診察室], ordinieren [叙階する、(薬を) 処方する]
 ordnen [配列する], die **Ordnung** [秩序], der Ordner [幹事]
die **Organisation** [組織], organisieren [組織する], organisiert [組織化された]
der **Organist** [オルガン奏者]
die **Orgel** [オルガン], orgeln [オルガンを演奏する]
der **Orkan** [ハリケーン]
das **Ornament** [装飾], ornamentieren [装飾を施す]
der **Ort** [場所], Orte oder Örter [Orte または Örter : 複数形], die Ortschaft [村落], **ortsüblich** [その土地に特有の]
die **Öse** [ひも穴]
 Oskar [オスカル]
der **Ost**, der **Osten** [東], im Osten [東に (で)], östlich [東の]
die **Ostern** [復活祭], **österlich** [復活祭の]
 Österreich [オーストリア], **österreichisch** [オーストリアの]
 östlich [東の]
die **Otter** [マムシ] = Schlange [蛇]; **der** Fischotter [カワウソ]

das **Obst**［果物］

der **Öbstler**［果物屋］, die **Öbstlerin**［果物屋（女）］, ～**innen**［果物屋（女）：複数形］

obwohl, **obzwar**［…にもかかわらず］

der **Ochs** oder **Ochse**［Ochs または Ochse：雄牛］, **Ochsen**［複数形］

der **Ocker**［黄色土］, **ockergelb**［黄土色の］

öde oder **öd**［öde または öd：荒れ果てた］

oder［または］

der **Ofen**［ストーブ］, **Öfen**［複数形］

offen［開いている］= nicht geschlossen［閉まっていない］

offenbar［明らかな］, die **Offenbarung**［啓示］

die **Offenheit**［率直さ］

offenherzig［率直な］, die **Offenherzigkeit**［率直さ］

öffentlich［公的な、公共の］

der **Offizier**［将校］

öffnen［開く］, die **Öffnung**［開放、開口部］

oft［しばしば］, **öfter**［比較級］, am **öftesten**［最上級］

öfters［何度も］

oftmals［しばしば］

ohne［…なしで］

ohnedem, **ohnedies**［いずれにしても］

ohnehin［いずれにしても］

die **Ohnmacht**［気絶］, **ohnmächtig**［気絶した］

das **Ohr**［耳］

das **Öhr**［針穴］= **Nadelöhr**［針穴］

die **Ohrfeige**［平手打ち］, jemanden **ohrfeigen**［ある人を平手打ちする］

der **Ökonom**［経済学者］, die **Ökonomie**［経済］, **ökonomisch**［経済の］

die **Oktave**［オクターブ］

der **Oktober**［10月］

das **Öl**［油］, **ölen**［油をぬる］, die **Ölung**［塗油］

der **November**［11月］
　　nüchtern［冷静な］, die **Nüchternheit**［冷静さ］
die **Nudel**［麵類（ヌードル）］, **n**udeln［強制肥育する］
die **Null**［数字の0］, **N**ullpunkt［目盛りのゼロ］
　　numerieren［番号をつける］, das **Numero**［ナンバー］
die **Nummer**［番号］
　　nun［今では、さて］
　　nur［ただ…だけ］
die **Nuß**［ナッツ］, **N**üsse［複数形］, **N**ußbeugel［ヌスボイゲル（クルミ入りのパン）］
die **Nüster**［馬の鼻孔］
　　nutz［…の役に立つ］, zu nichts nutz［なんの役にも立たない］, nütze［…の役に立つ］
der **Nutzen**［利益］, **nützen**［役に立つ、役立てる］, nützte［過去基本形］, genützt［過去分詞］, du nützt［君は…を役立てる］, **nützlich**［役に立つ］

O.

　　ob［…かどうか］
die **Obacht**［注意］, **O**bacht geben［注意を払う］
das **Obdach**［宿泊所］
　　oben［上に］
　　obenan［先頭に］
　　obenauf［いちばん上に］
　　ober, **o**bere［上の］, oberste［最上級］, zu oberst［いちばん上に］
　　oberhalb［…の上方に］
das **Obers**［生クリーム］, **S**chlagobers［ホイップクリーム］
　　oberschlächtig［(水車が) 上位射水方式の］
die **Oblate**［オブラート、(カトリック) ホスチア］
der **Obmann**［会長］, **O**bmänner［複数形］
die **Obrigkeit**［当局、お上］

die **Niere**［腎臓］
niesen［くしゃみをする］, nieste［過去基本形］, geniest［過去分詞］, du niest［君はくしゃみをする］
die **Niete**［リベット、空くじ］
Nikolaus［ニコラウス］, **Nikolo**［ニコロ］
nimmer, nimmermehr［決して…ない］
nippen［ちびちび飲む］
nirgends［どこにも…ない］
die **Nische**［ニッチ］
nisten［巣をつくる］
nobel［気高い］
noch［まだ、さらに］, **nochmals**［もう一度］
die **Nocke**, Nockerl［（スープに入れる）小さい団子］
die **Nonne**［修道女］
der **Norden**［北］, im Norden［北に（で）］, **nördlich**［北の］, Nordost［北東］, nordöstlich［北東の］, Nordwest［北西］, nordwestlich［北西の］, Nordpol［北極］
nörgeln［ぶつぶつ不平をいう］, der Nörgler［不平家］
normal［標準の］
die **Not**［必要、窮乏］, Nöte［複数形］, Not leiden［貧困に苦しむ］, es tut not［必要である］
der **Notar**［公証人］
notdürftig［間に合わせの］
die **Note**［音符、評点］
der **Notfall**［緊急事態］, Notfälle［複数形］
notieren［メモする］
nötig［必要な］
die **Notiz**［メモ］, Notizbuch［メモ帳］
die **Notwehr**［正当防衛］
notwendig［必要な］, die Notwendigkeit［必要性］
die **Novelle** (erzählende Dichtung)［短編小説（物語文学）］

das **Netz**［網］
    netzen［ぬらす］, **benetzen**［湿らす］
    neu［新しい］, **neuer**［比較級］, am **neuesten**［最上級］, etwas **Neues**
        ［何か新しいこと］, nichts **Neues**［新しいことは何もない］
    neuartig［新式の］
    neuerlich［新たに］
    neugeboren［生まれたばかりの］
    neugierig［好奇心の強い］, die **Neugierde**［好奇心］
die **Neuigkeit**［新しい情報］
das **Neujahr**［元日］
    neulich［このあいだ］
der **Neumond**［新月］
    neun［9］, die **Neun**［数字の9］＝ der **Neuner**［数字の9］
    neunzehn［19］, **neunzig**［90］
    New-York［ニューヨーク］
die **Nibelungen**［ニーベルンゲン］
    nicht［（否定詞）…ない］
die **Nichte**［姪］
    nichts［何も…ない］
    nichtsnutzig［役に立たない］
das **Nickel**［ニッケル］
    nicken［うなずく］
    nie［一度も…ない］
    nieder［低い］, **niedrig**［低い、少ない］
die **Niederlage**［敗北］
    Niederösterreich［ニーダーエースターライヒ］, **niederösterreichisch**
        ［ニーダーエースターライヒの］
    niederträchtig［卑劣な］, die **Niederträchtigkeit**［卑劣さ］
    niedrig［低い、少ない］
    niemals［一度も…ない］
    niemand［誰も…ない］

die **Natter**［毒蛇］
die **Natur**［自然］, **natürlich**［自然の、もちろん］, Naturgeschichte ［博物学］, Naturlehre［(授業科目としての) 物理］
　　Nazi (von Ignaz)［ナーツィ (人名のイグナーツから)］
der **Nebel**［霧］, **neblig**［霧のかかった］
　　neben［…の横］
　　nebenan［となりに］, **nebenbei**［そのかたわら］
　　nebeneinander［並んで］
die **Nebensache**［副次的なこと］
　　neblig［霧のかかった］
　　nebst［…とともに］, **nebstbei**［そのかたわら］
　　necken［からかう］, die **Neckerei**［からかうこと］
der **Neffe**［甥］
der **Neger**［黒人］
　　nehmen［取る］, nahm［過去基本形］, genommen［過去分詞］, ich nehme［私は取る］, du nimmst［君は取る］, er nimmt［彼は取る］, nimm!［取れ！：命令形］
der **Neid**［嫉妬］, **neiden**［嫉妬する］, **beneiden**［うらやむ］, **neidisch**［嫉妬深い］
　　neigen［傾ける］, die **Neigung**［傾き］
　　nein［(否定の返事) いいえ］
die **Nelke**［ナデシコ］
　　nennen［名づける］, nannte［過去基本形］, genannt［過去分詞］, du nennst［君は名づける］
der **Nenner**［分母］
der **Nerv**［神経］, Nerven［複数形］, **nervig**［たくましい］
　　nervös［神経質な］, die **Nervosität**［神経質］
die **Nessel**［イラクサ］
das **Nest**［巣］
　　nett［親切な］, die **Nettigkeit**［親切なこと］
　　netto［正味で］：ohne Verpackung［風袋なしで］

nächtigen [泊まる], **nächtlich** [夜の]

das **Nachtmahl** [夕食], **n**achtmahlen [夕食をとる]

nachträglich [あとからの]

nackt [裸の]

die **Nadel** [針], Nadelbaum [針葉樹]

der **Nagel** [釘], Nägel [複数形], **nageln** [釘を打つ]

nagen [かじる], der **N**ager, Nagetier [ネズミ目の動物]

nah, nahe [近い], näher [比較級], am nächsten [最上級], die **Nähe** [近さ]

nähen [縫う], nähte [過去基本形], genäht [過去分詞], du nähst [君は縫う], näht [現在人称変化 (3人称単数・2人称複数)], die **Näherin** [お針子], **n**innen [お針子：複数形], Nähmaschine [ミシン], Nähnadel [縫い針]

nähern [近づく] = nahe kommen [近づく]

nähren [養う], nährte [過去基本形], genährt [過去分詞]

nahrhaft [栄養のある]

die **Nahrung** [栄養]

die **Naht** [縫い目], Nähte [複数形]

der **Name** [名前], **n**amens […という名前の]

der **Namenstag** [聖名祝日]

namentlich [記名の、とくに]

nämlich [つまり]

die **Narbe** [傷跡]

der **Narr** [愚か者], **närrisch** [馬鹿げた]

naß [ぬれた], nässer [比較級], die **N**ässe [湿り気]

naschen [つまみ食いする], der **N**äscher [つまみ食いの好きな人], die Näscherei [つまみ食い]

die **Nase** [鼻], das **N**äschen [小さい鼻]

die **Nässe** [湿り気], **n**ässen [ぬらす]

national [国民の], Nationaltracht [民族衣装]

das **Natron** [ナトロン]

der **Mutwille** [悪ふざけ], **m**utwillig [悪ふざけの]
die **Mütze** [つばのない帽子]
das **Myriameter** [1万メートル]

N.

die **Nabe** [ハブ] = Radnabe [車輪のハブ]
der **Nabel** [へそ]
    nach […の方へ, …の後で]
    nachahmen [まねる]
der **Nachbar** [隣人], die Nachbarin [隣人 (女)], -**inn**en [隣人 (女): 複数形], die Nachbarschaft [近所]
    nachdem […した後に]
    nacheinander [次々に]
der **Nachfolger** [後継者], **n**achfolgen [あとに続く]
    nachgeben [譲歩する]
    nachgehen [あとを追う]
    nachgiebig [譲歩しやすい], die Nachgiebigkeit [すぐ譲歩すること]
    nachher [後で]
    nachlassen [ゆるめる]
    nachlässig [いいかげんな], die Nachlässigkeit [なげやり]
der **Nachmittag** [午後], **n**achmittags [午後に]
die **Nachnahme** [着払い]
die **Nachricht** [ニュース]
    nachschlagen [(本や辞書などで) 調べる]
die **Nachsicht** [寛容], **n**achsichtig [寛容な]
    nächst, nächste [いちばん近い], das nächste Mal, nächstesmal [次回に], nächstens [近いうちに]
die **Nacht** [夜], Nächte [複数形], **n**achts [夜に], heute **n**acht [今夜]
der **Nachteil** [欠点], **n**achteilig [不利な]
die **Nachtigall** [ナイチンゲール]

[乗数]
  multiplizieren［掛ける］
der **Mumps**［おたふく風邪］：Krankheit［病気］
der **Mund**［口］, Münder［複数形］, mündlich［口頭の］
die **Mundart**［方言］
das **Mündel**［被後見人］：Kind unter Vormundschaft［後見を受けている子ども］
  münden［(川が) 流れ込む］, die **Mündung**［河口］
  mündlich［口頭の］
  munter［元気な］
die **Münze**［硬貨］
  mürb［(肉や果物が) 柔らかい］
  murksen［いい加減な仕事をする］
  murmeln［つぶやく］
  murren［ぶつぶつ文句をいう］, der **Murrer**［不平家］
die **Muschel**［貝］
das **Museum**［美術館、博物館］, die Museen［複数形］
  müßig［無為の］, der **Müßiggang**［無為］
die **Musik**［音楽］, **musikalisch**［音楽の］, der Musikant［音楽家］
  musizieren［(複数の人間で) 音楽を演奏する］
der **Muskel**［筋肉］
  müssen［…しなければならない、…せざるをえない］, muẞte［過去基本形］, gemuẞt［過去分詞］, ich muẞ［私は…しなければならない］, du muẞt［君は…しなければならない］, müẞte［接続法第Ⅱ式］
das **Muster**［見本］, mustern［じろじろ見る］
  musterhaft［模範的な］
der **Mut**［勇気］, **mutig**［勇敢な］
die **Mutter**［母］, Mütter［複数形］, **mütterlich**［母の］, Muttermal［母斑］
  mutterseelenallein［ひとりぼっちの］

der **Montag**［月曜日］

der **Monteur**［組み立て工］, **montieren**［(機械を) 組み立てる］

das **Monument**［モニュメント］= Denkmal［記念碑］

das **Moos**［コケ］, **moos**ig［コケの生えた］

der **Mops**［パグ］, Möpse［複数形］

der **Mord**［殺人］, **m**orden［人を殺す］, der **Mörder**［人殺し］
    morgen［あした］= am folgenden Tag［次の日に］, morgen früh［明日の朝に］

der **Morgen**［朝］, am andern Morgen［翌朝に］, **m**orgens［毎朝］

das **Morgengrauen**［明け方］
    morgig［あすの］, der morgige Tag［あした］
    Moritz［モーリツ］
    morsch［朽ちた］

der **Mörser**［すり鉢］

der **Mörtel**［モルタル］

der **Most**［モスト (果汁)］

der **Motor**［モーター］, Motorrad［オートバイ］

die **Motte**［蛾］: Falter［蛾］

die **Möwe**［カモメ］

die **Mücke**［蚊］
    mucksen［ぶつぶつ文句をいう］
    müde［疲れた］, die **Müdigkeit**［疲れ］

der **Muff**［マフ (防寒具)］
    muffig［かび臭い］

die **Mühe**［苦労］, sich **mühen**［努力する］

die **Mühle**［製粉機、水車小屋］, Mühlbach［水車をまわす小川］
    mühselig［骨の折れる］

die **Mulde**［窪地］

der **Müller**［粉屋］, die Müllerin［粉屋 (女)］, -**inn**en［粉屋 (女): 複数形］

die **Multiplikation**［掛け算］, der Multiplikand［被乗数］, Multiplikator

die **Mitternacht**［真夜中］
　mittlere［真ん中の］, der mittlere Teil［中央部］
　mittlerweile［そうこうするうちに］
der **Mittwoch**［水曜日］
　Mitzi (Marie)［ミッツィ（マリー）］
das **Möbel**［家具］, **möbl**ieren［家具を備えつける］, möbliertes Zimmer［家具つきの部屋］
die **Mode**［流行］, **mod**isch［流行の］
das **Modell**［モデル］
der **Moder**［腐敗物］, **mod**ern［朽ちる］= faulen［腐る］
　modern［モダンな］: neuartig［新式の］
die **Modistin**［婦人帽をつくる女性］, ‑**inn**en［婦人帽をつくる女性：複数形］
　mogeln［いかさまをする］, der **M**ogler［いかさま師］
　mögen［…かもしれない, 好む］, mochte［過去基本形］, gemocht［過去分詞］, ich mag［私は…が好きだ］, möchte［…したい：接続法第Ⅱ式］
　möglich［可能な］, die **M**öglichkeit［可能性］
　möglicherweise［もしかすると］
der **Mohn**［ケシ］, Mohnblume［ケシの花］
der **Mohr**［ムーア人］: schwarzer Mensch［黒人］
der **Molch**［イモリ］
die **Molkerei**［酪農場］
der **Moment**［瞬間］= Augenblick［瞬間］; **m**omentan［目下の］= augenblicklich［目下の］
der **Monarch**［君主］, die Monarchie［君主制］
der **Monat**［月］, **m**onatlich［毎月の］
der **Mönch**［修道士］
der **Mond**［月］
das **Monogramm**［モノグラム］
die **Monstranz**［聖体顕示台］

[少なくとも]

die **Mine** [坑道] = unterirdischer Gang [地下道]

das **Mineral** [鉱物]

der **Minister** [大臣]

der **Ministrant** [ミサの侍者], **m**inistr**ieren** [ミサの侍者をつとめる]

die **Minute** [分]

mir [私に：ichの3格]

miß... [miß...：前つづり] in **miß**brauchen, **miß**fallen, **miß**trauisch, das **Miß**trauen, die **Miß**geburt usw. [乱用する、気に入らない、疑い深い、不信感、奇形児、などで]

mischen [混ぜる], die **M**ischung [混合]

miserabel [悲惨な] = elend [みじめな]

mißlingen [失敗する], ⸗**lang** [過去基本形], ⸗**lungen** [過去分詞]

der **Mist** [堆肥]

mit […といっしょに], geh mit mir [私といっしょに行こう]

miteinander [いっしょに]

mitgehen [いっしょに行く]

der **Mitlaut** [子音]

das **Mitleid** [同情], **m**itleidig [思いやりのある]

mitsamt […とともに]

der **Mittag** [昼], Mittagessen [昼食], Mittagmahl [昼食]

die **Mitte** [中央], **mitten** drin [その真ん中に]

mitteilen [知らせる], die **M**itteilung [知らせ]

das **Mittel** [手段、中間], **m**ittlere [真ん中の]

das **Mittelalter** [中世]

mittellos [資産のない]

mittelmäßig [並の]

der **Mittelpunkt** [中心]

die **Mittelschule** [（方言で）ギムナジウム], Mittelschüler [ギムナジウムの生徒]

mitten [真ん中に], mitten drin [その真ん中に]

messen [測る], **maß** [過去基本形], **gemessen** [過去分詞], ich messe [私は測る], **mißt** [現在人称変化（2人称、3人称単数）], die Messung [測定]

das **Messer** [ナイフ]

der **Messias** (der Gesalbte) [メシア（救世主）]

das **Messing** [真鍮]

der **Met** [蜜酒]：Getränk [飲み物]

das **Metall** [金属], **metallisch** [金属の]

der **Meteor** [流星]

das **Meter** oder der Meter [das Meter または der Meter：メートル]

die **Mette** [朝課] = Frühmesse [早朝のミサ]

der **Metzger** [肉屋]

meutern [反乱を起こす]

der **Mezzanin** [中二階] = Zwischenstock [中階]

Michael [ミヒャエル], **Michel** [ミヒェル]

das **Mieder** [ボディス（女性用の胴着）]

die **Miene** [表情] = Gesicht [顔]

die **Miete** [賃貸料], **mieten** [賃借りする], **vermieten** [賃貸しする], der Mieter [借り手]

das **Mikroskop** [顕微鏡], **mikroskopisch** [顕微鏡による]

die **Milch** [牛乳], **milchig** [乳白色の]

mild [おだやかな], die Milde [おだやかさ]

das **Militär** [軍], **militärisch** [軍の]

die **Milliarde** [10億]

der **Millimeter** [ミリメートル]

die **Million** [100万]

der **Millionär** [百万長者]

Mina [ミーナ]

minder [wenig「少ない」、gering「わずかな」の比較級]

minderwertig [価値の低い]

mindeste [wenig「少ない」、gering「わずかな」の最上級], **mindestens**

meilenweit［何マイルも離れた］
der **Meiler**［炭焼きがま］= Kohlenmeiler［炭焼きがま］
　mein, meine, meines［私の］
　meinen［思う、考える］, die Meinung［意見］
　meinethalben［私のために］
　meinetwegen［私のために］
　meinig, meinige［私のもの］, das Meinige［私の財産、義務］
die **Meinung**［意見］
die **Meise**［シジュウカラ］: Vogel［鳥］
der **Meißel**［(工具の) のみ］, meißeln［のみで彫る］
　meist［もっとも多くの：viel「多くの」の最上級］, die meisten Leute［大部分の人たち］, das meiste［大部分のもの］, am meisten［もっとも：viel, sehr「とても」の最上級］
　meistens［たいてい］
der **Meister**［親方、マイスター］
　melden［知らせる］, die Meldung［報告］
　melken［乳をしぼる］, melkte, gemelkt oder molk, gemolken［melkte（過去基本形）, gemelkt（過去分詞）またはmolk（過去基本形）, gemolken（過去分詞）］, Melkkuh［乳牛］
die **Melodie**［メロディー］
die **Melone**［メロン］
die **Menagerie**［動物の見世物（小屋）］
die **Menge**［量］
　mengen, vermengen［混ぜる］
der **Mensch**［人間］, menschlich［人間の］
　merken［気づく］
das **Merkmal**［特徴］
　merkwürdig［奇妙な］, merkwürdigerweise［奇妙なことに］, die Merkwürdigkeit［奇妙さ］
der **Mesner**［教会の雑用係］
die **Messe**［ミサ、見本市］, Meßgewand［司祭服］

die **Mathematik**［数学］
　　Mathilde［マチルデ］
die **Matratze**［マットレス］
der **Matrose**［船乗り］
das **Matsch** oder **Match**［Matsch または Match：試合］= Wettspiel［競技］(Sprich: Mätsch)［(発音：メーチュ)］
　　matt［ぐったりした］, die **Mattigkeit**［疲労］
die **Matte**［マット］
　　Matthäus［マテーウス、マタイ］
　　Matthias［マティーアス］
die **Matura**［ギムナジウム卒業試験］
die **Mauer**［壁］, **mauern**［壁をつくる］, der **Maurer**［レンガ積み職人］
das **Maul**［(動物の) 口］, Mäuler［複数形］
der **Maulwurf**［モグラ］, Maulwürfe［複数形］
der **Maurer**［レンガ積み職人］
die **Maus**［ネズミ］, Mäuse［複数形］, das Mäuschen［小さなネズミ］, **mäuschenstill**［ひっそりした］
die **Mauser**［換羽］= Federwechsel der Vögel［鳥の羽がわり］; **mausern**［換羽する］
　　Max［マックス］, **Maximilian**［マクシミーリアン］
die **Mechanik**［力学］, der Mechaniker［機械工］, **mechanisch**［機械の］, der Mechanismus［メカニズム］
　　meckern［(ヤギが) メーメー鳴く］
die **Medaille**［メダル］
die **Medizin**［医学］, der Mediziner［医者］
das **Meer**［海］, Meeresküste［海岸］
das **Mehl**［小麦粉］, Mehlspeise［穀粉でつくった食べ物、スイーツ］
　　mehr［より多くの］, **mehrere**［いくつかの］, mehrmals［何度も］, die **Mehrheit**［多数］
　　meiden［避ける］, **mied**［過去基本形］, gemieden［過去分詞］
der **Meier**［荘園の管理人］, die **Meierei**［荘園］, Meierhof［荘園］

die **Marke** [目印、券], Briefmarke [郵便切手]
　　markieren [マークをつける] = bezeichnen [印をつける]; die Markierung [マーク]
der **Markt** [マーケット], Märkte [複数形]
der **Marktflecken** [市場をもつ町]
die **Marmelade** [ジャム]
der **Marmor** [大理石], marmorieren [大理石模様をつける]
die **Marone** [マロン] = Kastanie [栗（くり）]
der **Mars** [火星]：Planet [惑星]
der **Marsch** [行進], Märsche [複数形], marsch! [進め！]
　　marschieren [行進する]
die **Marter** [責め苦], martern [責めさいなむ]
das **Marterl** [遭難碑]
　　Martin [マルティーン]
der **Märtyrer** [殉教者]
der **März** [3月]：Monat [月]
der **Marzipan** [マルチパン]
das **Maß** [計量の単位], Maße [複数形], Maßstab [基準]
die **Masche** [リボン]
die **Maschine** [機械], Maschinerie [機械装置], Maschinist [機械技師]
die **Masern** [はしか]
　　mäßig [適度の], die Mäßigkeit [節度]
die **Maske** [仮面], maskieren [仮面をつける]
die **Masse** [大量] = Menge [大量]
　　massenhaft [大量の]
　　massieren [マッサージする、（部隊を）集結させる]
　　massiv [頑丈な]
der **Mast**, Mastbaum [マスト]
　　mästen [肥育する], die Mästung [肥育]
das **Material** [材料], Materialien [複数形]

びたび]
 malen (*Bild*) [描く（絵）], **malt**e [過去基本形], ge**malt** [過去分詞]

der **Maler** [画家], die **Malerei** [絵画]
das **Malheur** [災難] = Unglück, Pech [不運]
das **Malz** [麦芽], **m**alzen [麦芽をつくる]
das **Malzeichen** [掛け算の記号]
die **Mama** [ママ]
 man (*nicht*: der **M**ann) [ひとは（der Mann「男は」ではない）], das darf **m**an nicht tun [それをしてはいけない]
 manche, **mancher**, **manches** [いくつかの]
 manchmal [ときどき]
die **Mandel** [アーモンド]
der **Mangel** [不足], **Mängel** [複数形], **mangeln** [足りない]
die **Manier** [マナー] = Benehmen [礼儀作法]
der **Mann** [男、夫], **Männer** [複数形]
die **Mannschaft** [チーム]
die **Manschette** [シャツのそで口]
der **Mantel** [コート], **Mäntel** [複数形]
die **Mappe** [書類かばん、書類ばさみ]
das **Märchen** [メールヘン], **märchenhaft** [メールヘンのような]
der **Marder** [テン（動物）]
 Margarete [マルガレーテ]
die **Margarine** [マーガリン]
 Maria [マリーア], **Marie** [マリー]
 Marianne [マリアンネ]
die **Marille** [アンズ]
 marinieren [マリネにする] = einsalzen [塩漬けにする]; mariniert [マリネにした]
die **Mark** [辺境], Ost**mark** [オストマルク（辺境伯領）]
das **Mark** [髄], Knochen**mark** [骨髄]

das **Maggi**［マギー（液体調味料）］

der **Magistrat**［市当局］

der **Magnet**［磁石］, **m**agnetisch［磁力の］, **m**agnetisieren［磁化する］, der **M**agnetismus［磁気］

die **Mahd**［刈り入れ］= das **Mähen**［刈り取り］

der **Mähder**［刈り取る人、刈り取り機］= Mäher［刈り取る人、刈り取り機］

　mähen［刈り取る］, **mähte**［過去基本形］, **gemäht**［過去分詞］, du **mähst**［君は刈り取る］, **mäht**［現在人称変化（3人称単数・2人称複数）］, **mäh!**［刈り取れ！：命令形］der **Mäher**［刈り取る人、刈り取り機］

das **Mahl**［食事］= **Essen**［食事］; Mahlzeit［食事］, Mittagmahl［昼食］

　mahlen (Mühle)［穀物をひく（製粉機）］, mahlte［過去基本形］, gemahlen［過去分詞］

die **Mahlzeit**［食事］

die **Mähne**［たてがみ］

　mahnen［強くうながす］, die Mahnung［勧告］

der **Mai**［5月］, Maibaum［メイポール］

der **Maikäfer**［コフキコガネ］

der **Mais**［トウモロコシ］= Kukuruz［トウモロコシ］

die **Maische**［酒類の仕込み原料］, **m**aischen［かきまぜて原料をつくる］

die **Majestät**［陛下（敬称）］, **m**ajestätisch［威厳のある］

der **Major**［少佐］

die **Makkaroni**［マカロニ］

das **Mal** (*nicht*: Essen)［度、回（食事（Essen）の意味のMahlではない）］, dieses **Mal**［今回］, diesmal［今回］, ein anderes **Mal**［別のときに］, ein andermal［別のときに］, einmal［一度］, zweimal［二度］, das erstemal［初回］, zum ersten Male［初めて］, jedesmal［毎回］, ein paarmal［二、三回］, vielmals［何度も］, oftmals［た

　　　　Luise［ルイーゼ］
die Luke［天窓］= Dachluke［天窓］
der Lümmel［ガラの悪い男］, lümmelhaft［ガラの悪い］, lümmeln［だらしない座り方をする］
der Lump［ごろつき］, die Lumperei［下劣な言動］, lumpen［だらしない生活をおくる］, gelumpt［だらしない］
der Lumpen［ぼろきれ］= Fetzen［ぼろきれ］; lumpig［みすぼらしい］
die Lunge［肺］
　　lungern［ぶらぶらする］, herumlungern［あちこちぶらぶらする］
die Lunte［導火線］
die Lupe［ルーペ］
die Lust［欲求、楽しみ］, Lüste［複数形］, gelüsten［欲しがる］
der Luster［シャンデリア］
　　lüstern［欲しくてたまらない］
　　lustig［楽しい］, die Lustigkeit［楽しいこと］
das Lustspiel［喜劇］
der Luxus［ぜいたく］
das Lysol［リゾール（消毒剤）］
das Lyzeum［リツェーウム（女子高等中学校）］, die Lyzeen［複数形］

M.

　　machen［つくる、する］, der Macher［製造者、首謀者］
die Macht［(権) 力］, Mächte［複数形］, **mächtig**［(権) 力のある］
das Machwerk［駄作］
das Mädchen, das Mädel［女の子］
die Made［ウジ虫］, madig［ウジのわいた］
das Magazin［雑誌、倉庫］, der Magazineur［倉庫の管理人］
die Magd［下働きの女］, Mägde［複数形］
der Magen［胃］, magenleidend［胃病の］
　　mager［やせた］, magerer［比較級］

der **Lohn**［賃金］, Löhne［複数形］
　lohnen［報いる、報われる］, belohnen［報いる］
die **Löhnung**［賃金の支払い］
das **Lokal**［飲食店］
die **Lokalbahn**［支線］, Lokalzug［支線の列車］
die **Lokomotive**［機関車］
der **Lorbeer**［月桂樹］
　los［離れた］, loslassen［離す］, laß los!［離せ！］
das **Los**［くじ］, losen［くじで決める］
　löschen［消す］, löschte［過去基本形］, gelöscht［過去分詞］
das **Löschpapier**［吸い取り紙］
　lose［ゆるんだ］＝ locker［ゆるい］
　lösen［はがす、解く］, die **Lösung**［解決］, löslich［可溶性の］
die **Losung**［合言葉］
das **Lot**［鉛直］
　löten［はんだ付けする］, der Lötkolben［はんだごて］
　lotrecht［垂直の］
die **Lotterie**［宝くじ］
　lottern［だらしない生活を送る］, verlottern［落ちぶれる］
das **Lotto**［ロト］
der **Löwe**［ライオン］, die Löwin［雌ライオン］, ∠innen［雌ライオン：複数形］
die **Lücke**［すき間］＝ Loch［穴］
das **Luder**［あばずれ］
die **Luft**［空気］, Lüfte［複数形］, Luftdruck［気圧］, luftleer［真空の］, luftdicht［気密の］
　lüften［風を通す］, die **Lüftung**［換気］
die **Lüge**［嘘］, **lügen**［嘘をつく］, log［過去基本形］, gelogen［過去分詞］
der **Lügner**［嘘つき］, Lügnerin［嘘つき（女）］, ∠innen［嘘つき（女）：複数形］

lila [ライラック色の] = **lilafarbig** [ライラック色の]
Lili [リリ]：Name [名前]
die **Lilie** [ユリ]：Blume [花]
die **Limonade** [レモネード]
die **Limone** [レモン] = Zitrone [レモン]
lind [柔らかな]
die **Linde** [菩提樹], Lindenholz [シナ材]
lindern [和らげる], die Linderung [和らげること]
das **Lineal** [定規]
die **Linie** [線], **linieren** [線をひく], **einlinig** [真っ正直な], **vierlinig** [四本線の]
linke [左の], linkisch [不器用な], **links** [左に]
das **Linoleum** [リノリウム]
die **Linse** [レンズ]
die **Lippe** [くちびる]
die **List** [策略], **listig** [ずる賢い]
die **Liste** [リスト]
die **Litanei** [連祷]
der **Liter** [リットル]
das **Lob** [称賛], **loben** [ほめる]
das **Loch** [穴], **Löcher** [複数形], **löcherig** [穴のある], **durchlöchert** [穴だらけの]
die **Locke** [巻き毛], **lockig** [カールした]
locken [おびき寄せる], **lockte** [過去基本形], **gelockt** [過去分詞]
locker [ゆるい], **lockern** [ゆるめる], die Lockerung [緩和]
der **Loden**, Lodenstoff [ローデン]
lodern [燃え上がる]
der **Löffel** [スプーン], **löffeln** [スプーンですくう]
die **Loge**, Theaterloge [(劇場の) ボックス席]
logieren [泊まる] = wohnen [(一時的に) 滞在する]
die **Lohe** [タンニン樹皮]：Gerberlohe [タンニン樹皮]

[葡萄の収穫]

leserlich [読みやすい]

die **Letter** [活字]

letzte [最後の], zum letztenmal [最後に], zum letzten Male [最後に], der Letzte der Klasse [クラスのビリ], vorletzte [最後から2番目の]

letzthin [近頃]

leuchten [光る], der Leuchter [燭台]

das **Leuchtgas** [都市ガス]

leugnen [否定する]

die **Leute** [人びと]

der **Leutnant** [少尉]

leutselig [気さくな], die Leutseligkeit [気さくなこと]

die **Libelle** [トンボ]

das **Licht** [光], **licht** [明るい] ＝ hell [明るい]

lichterloh [あかあかと燃えた]

die **Lichtmeß** [聖燭祭]

lieb [いとしい], lieber [比較級], am liebsten [最上級]

die **Liebe** [愛], **lieben** [愛する], geliebt [いとしい]

liebenswürdig [親切な], die Liebenswürdigkeit [親切]

lieblich [愛らしい]

der **Liebling** [お気に入り]

das **Lied** (Gesang) [歌(歌)]

liederlich [だらしない], die Liederlichkeit [だらしないこと]

der **Lieferant** [(商品の)納入者]

liefern [引き渡す], die Lieferung [引き渡し]

liegen [横たわっている], lag [過去基本形], gelegen [過去分詞], du liegst [君は横になっている], liegt [現在人称変化(3人称単数・2人称複数)]

Liese [リーゼ], Liesel [リーゼル]

der **Likör** [リキュール]

leihen［貸す］, **lieh**［過去基本形］, **geliehen**［過去分詞］, **ich leihe**［私は貸す］, **leihst**［現在人称変化（2人称単数）］, **leiht**［現在人称変化（3人称単数・2人称複数）］, **leih!**［貸せ！：命令形］

leihweise［貸借によって］

der **Leim**［にかわ］＝ Tischlerleim［家具用のにかわ］; **leimen**［にかわで接着する］

der **Lein**［亜麻］

die **Leine**［綱］

das **Leinen**［リネン］, **leinen**［リネンの］＝ aus Leinwand［リネン製の］

die **Leinwand**［亜麻布］

leise［音が小さい］

die **Leiste**［枠縁］

der **Leisten**［靴型］

leisten［なしとげる］, die **Leistung**［業績］

die **Leite**［山腹］＝ Abhang［山の斜面］

leiten［導く］＝ führen［導く］; **leitete**［過去基本形］

der **Leiter**［リーダー］, Schulleiter［校長］

die **Leiter**［はしご］, Leiterwagen［干し草を運ぶ荷車］

die **Leitung**［指導］

die **Lende**［腰］

lenken［操縦する］, der **Lenker**［操縦士］

der **Lenz**［春］

der **Leopard**［ヒョウ］

Leopold［レーオポルト］, Leopoldine［レオポルディーネ］

die **Lerche**［ヒバリ］：Vogel［鳥］

lernen［学ぶ］＝ **erlernen**［習得する］; schreiben lernen［書きかたを学ぶ］

lesen［読む、摘み取る］, **las**［過去基本形］, **gelesen**［過去分詞］, **ich lese**［私は読む］, **du liest**［君は読む］, **er liest**［彼は読む］, **lies!**［読め！：命令形］ der **Leser**［読者、収穫する人］, die **Lese**

das **Leder**［革］, **ledern**［革の］= aus Leder［革製の］
ledig［独身の］
leer［空の］, **leerer Topf**［空の鍋］, aus**leeren**［空にする］, um**leeren**［ひっくり返す］
legen［置く］, nieder**legen**［下に置く］, legte［過去基本形］, gelegt［過去分詞］

das **Lehen**［封土］
der **Lehm**［粘土］, **lehmig**［粘土質の］
die **Lehne**［背もたれ、斜面］
lehnen, an**lehnen**［立てかける］
die **Lehre**［教え］, in die Lehre gehen［教わりに行く］
lehren［教える］= unterrichten［教える］; lehrte［過去基本形］, gelehrt［過去分詞］
der **Lehrer**［先生］, die **Lehrerin**［先生（女）］, ∕**innen**［先生（女）：複数形］
der **Lehrling**、der **Lehrbub**［弟子、徒弟］
der **Leib**［からだ］= Körper［からだ］
das **Leibchen**［アンダーシャツ］: Kleidungsstück［衣類］
leibhaftig［からだを持った］
das **Leibschneiden**［腹痛］
die **Leiche**［死体］, das **Leichenbegängnis**［葬式］, ∕**nisse**［複数形］
der **Leichnam**［遺体］
leicht［軽い］, die **Leichtigkeit**［軽さ］
der **Leichtsinn**［軽率］, **leichtsinnig**［軽率な］
leid［残念な］, es ist mir leid［それは残念です］, es tut mir leid［それは残念です］, das **Leid**［悲しみ］
leiden［苦しむ］, litt［過去基本形］, gelitten［過去分詞］, das **Leiden**［（長引く）病気］= Krankheit［病気］
die **Leidenschaft**［情熱］, **leidenschaftlich**［情熱的な］
leider［残念ながら］, leider Gottes!［すごく残念だ！］
die **Leier**［リラ（楽器）］, **leiern**［単調に唱える］

die **Latte**［細長い木材］

der **Latz**［よだれかけ］, Lätze［複数形］

　　lau［生ぬるい］

das **Laub**［木の葉］, Laubfrosch［アマガエル］

die **Laube**［あずまや］

die **Lauer**［待ち伏せ］, lauern［待ち伏せる］

der **Lauf**［走ること］, Läufe［複数形］

　　laufen［走る、歩く］, lief［過去基本形］, gelaufen［過去分詞］, du läufst［君は走る］, läuft［現在人称変化（3人称単数）］, der **Läufer**［ランナー］

die **Lauge**［灰汁］, auslaugen［灰汁を抜く］

die **Laune**［機嫌、気まぐれ］, launenhaft［気まぐれな］, launisch［気まぐれな］

die **Laus**［シラミ］, Läuse［複数形］, Lausbub［いたずら小僧］

　　lauschen［耳を澄ます］

　　laut［(音や声が) 大きい］, der **Laut**［音］

　　läuten［(鐘が) 鳴る］, läutete［過去基本形］

　　lauter［まじりけのない、ただ…だけ］

der **Lavendel**［ラベンダー］

das **Lavoir**［洗面器］＝ Waschbecken［洗面器］

die **Lawine**［雪崩］

das **Leben**［生命］, leben［生きている］, lebendig［生き生きした］, die Lebendigkeit［活気］

die **Leber**［肝臓］, Leberwurst［レバーソーセージ］

　　lebhaft［活発な］, die Lebhaftigkeit［活発さ］

der **Lebkuchen**［レープクーヘン］

der **Lebtag**［生涯］, mein Lebtag［私の一生のあいだ］

der **Lebzelten**［レープクーヘン］, der Lebzelter［レープクーヘンをつくる菓子職人］

die **Lecke**［(動物の) 塩なめ場］＝ Salzlecke［塩なめ場］

　　lecken (mit der Zunge)［なめる（舌で）］

der **Landstreicher**［放浪者］

der **Landtag**［州議会］

der **Landwirt**［農場主］, die **Landwirtschaft**［農業］, **landwirtschaftlich**
　　［農業の］

　　lang［長い］, **länger**［比較級］, am **längsten**［最上級］, die **Länge**
　　　　［長さ］

　　langen［達する］, **auslangen**［足りる］

　　langjährig［長年の］

　　länglich［長めの］

　　längs［…に沿って］= **entlang**［…に沿って］; längs der Straße
　　　　［通りに沿って］

　　langsam［遅い］, die Langsamkeit［遅いこと］

　　längst［とっくに］= seit langer Zeit［ずっと前から］

die **Lang(e)weile**［退屈］, **langweilig**［退屈な］, **langweilen**［退屈させ
　　る］

　　langwierig［時間のかかる］

die **Lanze**［槍］

der **Lappen**［布きれ］

die **Lärche**［カラマツ］= Lärchbaum［カラマツ］

der **Lärm**［騒音］, **lärmen**［騒ぐ］

die **Larve**［幼虫］

　　lassen［…させる］, **ließ**［過去基本形］, **gelassen**［過去分詞］, du
　　　　läßt［君は…させる］, er **läßt**［彼は…させる］, **laß!**［ほうってお
　　　　け！：命令形］

das **Lasso**［投げ縄］

die **Last**［荷物］

　　lästern［陰口をきく］

　　lästig［やっかいな］

das **Latein**［ラテン語］, **lateinisch**［ラテン語の］

die **Laterne**［ランタン］

die **Latsche**［ハイマツ］= Legeföhre［ハイマツ］

lächerlich［こっけいな］
der **Lack**［ラッカー］, **lackieren**［ラッカーを塗る］
die **Lacke**［水たまり］
die **Lade**［引き出し］
　　laden［積み込む］, lud oder ladete［lud または ladete：過去基本形］, geladen［過去分詞］, du lädst oder du ladest［du lädst または du ladest：君は積み込む］, er lädt oder ladet［er lädt または ladet：彼は積み込む］, **einladen**［招待する］
der **Laden**［店］, Läden［複数形］
　　lädieren［傷つける］= verletzen［けがさせる］
die **Ladung**［積み荷］
die **Lage**［位置］
das **Lager**［倉庫］, **lagern**［貯蔵する］
　　lahm［麻痺した］, **lähmen**［麻痺させる］, die **Lähmung**［麻痺］
der **Laib**［（成形したパンやチーズなどの）ひとかたまり］= **Brotlaib**［パンのかたまり］
der **Laich**［卵塊］= Froschlaich［カエルの卵］, Fischlaich［魚の卵］
　　lallen［回らない舌でしゃべる］
　　lamentieren［嘆き悲しむ］
das **Lamm**［子羊］, Lämmer［複数形］
die **Lampe**［ランプ］
der **Lampion**［提灯］, Lampions［複数形］
das **Land**［陸地、土地、田舎、国］, Länder［複数形］, **ländlich**［田舎の］
der **Landauer**［ランダウ式馬車］
　　landen［上陸する］, die **Landung**［上陸］
die **Landkarte**［地図］
　　landläufig［世間一般の］
der **Ländler**［レントラー（舞曲）］
die **Landpartie**［ピクニック］
die **Landschaft**［風景、地方］

das **Kunststück**［芸当］

das **Kupfer**［銅］

die **Kuppe**［丸い山頂］= Bergkuppe［丸い山頂］

die **Kuppel**［丸屋根］= Kuppeldach［丸型の屋根］

kuppeln［連結する］= verbinden［つなぐ］

die **Kur**［治療］, Kurort［保養地］, **kurieren**［治療する］

die **Kurbel**［クランク］, kurbeln［ハンドルを回す］, ankurbeln［始動させる］

der **Kürbis**［カボチャ］, Kürbisse［複数形］

kurieren［治療する］= heilen［治す］

der **Kurs**［コース］

der **Kurschmied**［部隊付きの獣医・蹄鉄工］

Kurt［クルト］

kurz［短い］, kürzer［比較級］, die Kürze［短さ］

kürzen［短くする］

kürzlich［最近］

der **Kurzschluß**［ショート（短絡）］, Kurzschlüsse［複数形］

kurzsichtig［近視の］

kurzum［手短に言うと］

der **Kuß**［キス］, Küsse［複数形］, **küssen**［キスする］, küßte［過去基本形］, geküßt［過去分詞］, du küßt［君はキスする］, küß!［キスしなさい！：命令形］

die **Küste**［海岸］: Meeresküste［海岸］

der **Kutscher**［御者］, **kutschieren**［馬車を走らす］

die **Kutte**［修道服］

der **Kuttelfleck**［臓物料理（スープ）］

das **Kuvert**［封筒］= Briefumschlag［封筒］

L.

laben［(飲食物で) 元気づける］= erfrischen［癒す］

lachen［笑う］, **lächeln**［微笑む］

der **Kropf** ［甲状腺腫］, **Kröpfe** ［複数形］, **kropfig** ［甲状腺腫の］
die **Kröte** ［ヒキガエル］
die **Krücke** ［松葉杖］
der **Krug** ［(取っ手のついた) つぼ・かめ］, **Krüge** ［複数形］
 krumm ［曲がった］
 krümmen ［曲げる］, die **Krümmung** ［湾曲］
der **Krüppel** ［身体障害者］
die **Kruste** ［かたい表皮］
das **Kruzifix** ［キリストの十字架像］
der **Kübel** ［バケツ］
der **Kubikmeter** ［立方メートル］: Raummaß ［容積の単位］
die **Küche** ［キッチン］
der **Kuchen** ［ケーキ］
der **Kuckuck** ［カッコウ］, **Kuckucksuhr** ［カッコウ時計］
die **Kufe** ［(そりの) 滑り木］
die **Kugel** ［球］, **kugelförmig** ［球形の］
 kugeln ［転がす］
die **Kuh** ［雌牛］, **Kühe** ［複数形］, **Kuhhirt** ［牛飼い］
 kühl ［涼しい］, **kühlen** ［冷やす］, die **Kühle** ［涼しさ］
der **Kukuruz** ［トウモロコシ］
die **Kultur** ［文化］
der **Kummer** ［心痛］
 kümmern ［面倒をみる］
das **Kummet** ［首輪］
die **Kunde** ［知らせ］, **künden** ［知らせる］
die **Kundgebung** ［告知、集会］
 kündigen ［解約を通知する］, die **Kündigung** ［解約通知］
die **Kundschaft** ［顧客］
 künftig ［将来の］
die **Kunst** ［芸術、技術］, **Künste** ［複数形］
der **Künstler** ［芸術家］, **künstlich** ［人工の］

das **Kraut**［(野菜の) 葉・茎、薬草］, Kräuter［複数形］, krautig［草のような］

der **Krawall**［暴動］, krawallieren［暴動を起こす］

die **Krawatte**［ネクタイ］

die **Kraxe** (Rückenkorb)［背負いかご (背負いかご)］
　kraxeln［よじ登る］

der **Krebs**［ザリガニ、癌］, Krebse［複数形］

die **Kredenz**［配膳台］

die **Kreide**［チョーク］

der **Kreis**［円］, Kreise［複数形］, kreisen［回る］
　kreischen［金切り声をあげる］

der **Kreisel**［こま］

die **Krempe**［つば］= Hutkrempe［帽子のつば］

der **Krempel**［がらくた］
　krempeln［(帽子のつばなどを) 折り返す］

der **Kren**［セイヨウワサビ］
　krepieren［(家畜などが) 死ぬ］= verenden［(家畜などが) 死ぬ］

das **Kreuz**［十字架］, **kreuzen**［交差させる］, die **Kreuzung**［交差点］, kreuzweise［十字に］
　kreuzigen［十字架にかける］, die **Kreuzigung**［はりつけの刑］
　kriechen［這う］, kroch［過去基本形］, gekrochen［過去分詞］

der **Krieg**［戦争］, Kriegsschiff［軍艦］
　kriegen［手に入れる］= bekommen［もらう］

das **Kriminal**［刑務所］

die **Krippe**［飼葉桶 (かいばおけ)］= Futtertrog［まぐさおけ］

der **Kristall**［結晶、水晶］, kristallisieren［結晶する］
　kritisieren［批判する］
　kritzeln［落書きする］, die **Kritzelei**［落書き］

das **Krokodil**［ワニ］

die **Krone**［冠］

der **Kot** [糞便], **k**otig [糞だらけの]
der **Kotzen** [（ざっくりとした）厚手の毛布]
　　krabbeln [（虫が）ゴソゴソ這う]
der **Krach** [騒音], **krachen** [ガチャンと音を立てる]
das **Kracherl** [炭酸レモネード]
　　krächzen [ガアガア鳴く]
die **Kraft** [力], **Kräfte** [複数形], **kräftig** [力強い]
der **Kragen** [襟], die **Kr**a**gen** [複数形]
die **Krähe** [カラス]
　　krähen [（雄鶏が）コケコッコーと鳴く], kr**ä**hte [過去基本形], gekr**ä**ht [過去分詞]
die **Kralle** [（猛獣の）かぎ爪], **krallen** [（爪を）突き立てる] ＝ kratzen [ひっかく]
der **Kram** [がらくた], **kramen** [ひっかき回して探す]
der **Krämer** [小売商人]
der **Krampen** [つるはし]
der **Krampf** [痙攣（けいれん）], **Krämpfe** [複数形]
der **Krampus** [クランプス（悪魔に似た姿のサンタクロースの従者）]
der **Kran** [クレーン], **Kräne** [複数形]
der **Kranich** (Vogel) [ツル（鳥）]
　　krank [病気の], **kränker** [比較級], **kränklich** [病気がちの], die **Krankheit** [病気]
　　kränken [（気持ちを）傷つける], die **Kränkung** [（気持ちを）傷つけること]
der **Kranz** [花輪], **Kränze** [複数形]
der **Krapfen** [クラップフェン（揚げ菓子）]
die **Krätze** [疥癬]
　　kratzen [ひっかく], kratzte [過去基本形], gekratzt [過去分詞], du kratzt [君はひっかく], der **Kratzer** [ひっかき傷]
die **Krause** [フリル]
　　kräuseln [縮れさせる]

könnte［接続法第Ⅱ式］
Konrad［コンラート］
die **Konserve**［缶詰］
konstruieren［設計する］
die **Konstruktion** (Bau)［建造物（建築）］
der **Konsul**［領事］, das Konsulat［領事館］
der **Konsum**［消費］
das **Konto**［口座、（貸し借りの）勘定］：Rechnung［勘定］, Kontos［複数形］
das **Kontor**［事務所］＝ Kanzlei［事務所］; der Kontorist［事務員］
die **Kontrolle**［検査］, der Kontrollor［検査官］, **kontroll**ieren［検査する］
konzentriert［集中した］
das **Konzept**［草稿］：Entwurf［草案］; Konzeptpapier［下書き用紙］
das **Konzert**［コンサート、協奏曲］
der **Kooperator**［助任司祭］
der **Kopf**［頭］, Köpfe［複数形］, **kopf**über［真っ逆さまに］
das **Kopfweh**［頭痛］
kopieren［写す］＝ durchschreiben［（手書きで）複写する］, nachmachen［まねる］
die **Koralle**［サンゴ］
der **Korb**［かご］, Körbe［複数形］, das Körbchen［小さいかご］
der **Kork**［コルク］
das **Korn**［穀物］, Körner［複数形］
der **Körper**［からだ］, **körper**lich［からだの］
die **Korrespondenzkarte**［郵便葉書］, **korrespond**ieren［文通する］
die **Kost**［食べ物］
kostbar［高価な］
kosten［…の値段である、味見する］
kostspielig［費用のかさむ］
das **Kostüm**［（女性用の）スーツ］, **kostüm**ieren［仮装をさせる］

der **Kommis** [店員]
der **Kommissär** [（政府が任命した）委員、警部], das **Kommissariat** [警察署]
die **Kommission** [委員会]
    kommod [快適な] = **bequem** [快適な]
die **Kommode** [たんす] = **Schubladekasten** [たんす]
die **Kommunion** [聖体拝領], **kommunizieren** [聖体を拝領する、コミュニケーションする]
der **Kommunist** [共産主義者], **kommunistisch** [共産主義の]
die **Komödie** [喜劇]
der **Kompagnon** [共同経営者]
die **Kompanie** [中隊]
der **Kompaß** [コンパス], **Kompasse** [複数形]
    komplett [全部そろった]
das **Kompliment** [お世辞]
    kompliziert [複雑な] = **verwickelt** [込み入った]
    komponieren [構成する、作曲する], der **Komponist** [作曲家]
das **Kompott** [コンポート（果物の砂糖煮）]
die **Konditorei** [ケーキ屋] = **Zuckerbäckerei** [ケーキ屋]
der **Kondukteur** [車掌] = **Schaffner** [車掌]
die **Konferenz** [会議]
die **Konfession** [信仰告白] = **Glaubensbekenntnis** [信仰告白]; **konfessionell** [宗派の], **konfessionslos** [無宗派の]
    konfus [混乱した], die **Konfusion** [混乱] = **Verwirrung** [混乱]
der **König** [王], die **Königin** [女王、王妃], **-innen** [女王、王妃：複数形], **königlich** [王の]
    konisch [円錐形の] = **kegelförmig** [円錐形の]
die **Konkurrenz** [競争] = **Wettbewerb** [競争]; **konkurrieren** [競争する]
    können […できる], **konnte** [過去基本形], **gekonnt** [過去分詞], **ich kann** [私はできる], **kannst** [現在人称変化（2人称単数）],

der **Kobel**［家畜小屋］

der **Koben**［家畜小屋］

der **Kobold**［コボルト］

der **Koch**［コック］, **Köche**［複数形］, die **Köchin**［コック（女）］ **kochen**［煮る、料理する］, der **Kocher**［コッヘル、こんろ］

der **Köcher**［矢筒］

die **Köchin**［コック（女）］, -**innen**［コック（女）：複数形］

das **Kochinchinahuhn**［（ニワトリの）コーチン］

der **Koffer**［トランク］

der **Kogel**［円頂丘］

der **Kognak**［コニャック］

der **Kohl**［キャベツ］, **Kohlrübe**［コールラビ（植物）］

die **Kohle**［石炭］, **verkohlen**［炭化する］

der **Köhler**［炭焼き人］

die **Kohlmeise**［シジュウカラ（鳥）］

der **Kohlrabi**［コールラビ（植物）］

der **Koks**［コークス］

die **Kolatsche**［コラッチェ（アンズジャム入りの菓子パン）］

der **Kolben**［ピストン、（銃の）台尻］

der **Kollege**［同僚］, **kollern**［（七面鳥などが）クークー鳴く］

die **Kolonie**［植民地］

das **Kolophonium**［ロジン］= Geigenharz［バイオリン用の松やに］ **kolossal**［巨大な］

der **Komet**［彗星］ **komisch**［こっけいな］

der **Kommandant**［司令官］, **kommandieren**［指揮をとる］, das **Kommando**［命令］

kommen［来る］, **kam**［過去基本形］, **gekommen**［過去分詞］, du **kommst**［君は来る］, **kommt**［現在人称変化（3人称単数・2人称複数）］, **komm!**［来い！：命令形］

knattern［バタバタと音を立てる］
der **Knäuel**［糸玉］
der **Knauser**［けちな人］, **knausern**［けちけちする］
knautschen［くしゃくしゃにする］
der **Knecht**［しもべ］
kneifen［つねる］, kni**ff**［過去基本形］, gekni**ff**en［過去分詞］
die **Kneipe**［居酒屋］, **kneipen**［（居酒屋で）酒を飲む］
kneten［こねる］
der **Knick**［折れ目］, **knicken**［折り曲げる］
der **Knicks**［ひざを屈める女性のお辞儀］, **knicksen**［ひざを屈めてお辞儀する］
das **Knie**［ひざ］, **knien**［ひざまずく］, ich **knie**［私はひざまずく］
der **Knirps**［ちび］
knistern［ぱちぱち音を立てる］
knittern［しわになる］, zer**knittern**［しわくちゃにする］
der **Knobel**［ニンニク］＝ **Knoblauch**［ニンニク］
der **Knöchel**［くるぶし］
der **Knochen**［骨］, **knochig**［骨ばった］
der **Knödel**［（肉やジャガイモの）だんご］
der **Knofel**［ニンニク］＝ Knoblauch［ニンニク］
die **Knolle**［塊茎］, **knollig**［塊状の］
der **Knopf**［ボタン］, **Knöpfe**［複数形］, **knöpfen**［ボタンをかける］
der **Knorpel**［軟骨］, **knorpelig**［軟骨質の］
knorrig［節くれだった］
die **Knospe**［つぼみ］
der **Knoten**［結び目］, **knotig**［結び目のある］
knüpfen［結ぶ］
der **Knüppel**［棍棒（こんぼう）］
knurren［（犬などが）うなる］
knuspern［ボリボリかじる］
der **Knüttel**［棍棒（こんぼう）］

klieben［割る］= spalten［割る］

das **Klima**［気候］

klimpern［カチャカチャ音をたてる］

die **Klinge**［刃］= Messerklinge［ナイフの刃］

die **Klingel**［ベル］, **kl**ingeln［(ベルなどが) 鳴る］

klingen［鳴る］, klang［過去基本形］, geklungen［過去分詞］, der **K**lang［響き］

die **Klinik** (Spital)［クリニック (病院)］

die **Klinke**［取っ手］: Türklinke［ドアノブ］

die **Klippe**［岩礁］

klirren［(金属・ガラスが) ガチャガチャ鳴る］

der **Kloben**［丸太］, **klobig**［丸太のような］

klopfen［トントンとたたく］

der **Klöppel**［ボビン］, **kl**öppeln［レースを編む］, Klöppelspitze［ボビンレース］

das **Klosett**［トイレ］

das **Kloster**［修道院］, Klöster［複数形］

der **Klotz**［丸太］, Klötze［複数形］

die **Kluft**［(岩の) 割れ目］, Klüfte［複数形］

klug［賢い］, klüger［比較級］, am klügsten［最上級］, die **Klugheit**［賢さ］

der **Klumpen**［ひとかたまり］, **klumpig**［かたまり状の］

knabbern［ポリポリ食べる］

der **Knabe**［男の子］= Bub［男の子］

knacken［ポキッと音をたてる］, der **K**nacker［クルミ割り］

die **Knackwurst**［クナックヴルスト (皮の硬い小さいソーセージ)］

der **Knall**［ポンという破裂音］, **kn**allen［破裂音を立てる］

knapp［乏しい］, die **K**nappheit［不足］

der **Knappe** (Ritter)［若い従僕 (騎士)］

knarren［ぎいぎい音を立てる］

der **Knaster**［安物のタバコ］

die **Klapper** [鳴子], klappern [ガタガタ音を立てる]
der **Klaps** [ぴしゃりと打つこと], Klapse [複数形]
　klar [クリアな], **klären** [クリアにする], die **Klarheit** [クリアなこと]
　Klara [クラーラ], Klärchen [クレールヒェン]
die **Klarinette** [クラリネット], der Klarinettist [クラリネット奏者]
die **Klasse** [クラス]
die **Klassifikation** [分類], klassi**fiz**ieren [分類する]
der **Klassiker** [古典作家], **klassisch** [古典の]
der **Klatsch** [ぱちっという音], **klatschen** [平手打ちする], du klatschst [君は平手打ちする]
　klauben [拾い集める] = **aufklauben** [拾い集める]
die **Klaue** [(猛獣・猛禽の) 爪], Klauenseuche [口蹄疫]
die **Klause** [(修道院の) 独居室]
das **Klavier** [ピアノ]
　kleben [はりつける], klebrig [粘着性の], **Klebstoff** [接着剤]
der **Kleber** [接着剤]
der **Klecks** [インクの染み], **klecksen** [染みをつける]
der **Klee** [クローバー], Kleeblatt [クローバーの葉]
das **Kleid** [ワンピース], **kleiden** [服を着せる]
die **Kleidung** [服], Kleidungsstück [個々の衣服]
die **Kleie** [小麦のぬか]
　klein [小さい], die **Kleinigkeit** [ささいなこと], Kleingeld [小銭]
der **Kleister** [糊], kleistern [糊でくっつける]
　Klemens [クレーメンス]
　klemmen [はさむ], die **Klemme** [留め金]
der **Klempner** [板金工]
der **Klepper** [よぼよぼの馬]
　klerikal [聖職者の]
die **Klette** [ゴボウ]
　klettern [よじ登る]

die **Kieme**［えら］

der **Kien**［松材］, Kienspan［(付け木にする) 松の薄片］

der **Kies**［砂利］

der **Kiesel**, Kieselstein［小石］

das **Kilogramm**［キログラム］

der **Kilometer**［キロメートル］

das **Kind**［子ども］, **kindisch**［子どもっぽい］, **kindlich**［子どもの、子どもらしい］, die Kinderei［子どもっぽい行動］, Kind**s**frau［あどけない少女］

das **Kinn**［あご］

das **Kipfel**［クロワッサン］
　kippen［ひっくり返る］

die **Kirche**［教会］, **kirchlich**［教会の］

die **Kirchweih**［教会の開基祭］

die **Kirsche**［サクランボ］

das **Kissen**［クッション］= Polster［クッション］

die **Kiste**［木箱］

der **Kitt**［パテ］, **kitten**［パテで接合する］= leimen［にかわで接着する］

der **Kittel**［スモック］

der **Kitzel**［くすぐったいこと］, **kitzeln**［くすぐる］, kitzlich［くすぐったい］

das **Kitzerl**［子ヤギ］= junge Ziege［幼いヤギ］

die **Klafter**［尋 (ひろ)：長さの単位］

die **Klage**［嘆き］, **klagen**［嘆く］

der **Kläger**［原告］
　kläglich［嘆きの］

die **Klamm**［峡谷］

die **Klammer**［クリップ］, **an**klammern［留める］

der **Klang**［響き］, Klänge［複数形］

die **Klappe**［はねぶた］, **klappen**［ぱたんと開ける (閉じる)］

der **Kelch**［脚つきのグラス］
die **Kelle**［こて］= Maurerkelle［左官用のこて］
der **Keller**［地下室］, die **Kellerei**［ワインの醸造所］
der **Kellner**［ウエーター］, die **Kellnerin**［ウエートレス］, ⸗**inn**en［ウエートレス：複数形］
die **Kelter**［搾り器］= Weinpresse［葡萄の搾り器］; **keltern**［（搾り器で）しぼる］
　　kennen［知っている］, kannte［過去基本形］, gekannt［過去分詞］, du kennst［君は知っている］, kennt［現在人称変化（3人称単数・2人称複数）］
die **Kenntnis**［知識］, ⸗nisse［複数形］
das **Kennzeichen**［目印］
die **Kerbe**［刻み目］, **kerben**［刻み目をつける］= einschneiden［刻み目を入れる］
das **Kerbelkraut**［チャービル］
der **Kerker**［禁固刑］
der **Kerl**［(親しみを込めて、または軽蔑的に) やつ］
der **Kern**［核］
die **Kerze**［ろうそく］
der **Kessel**［やかん］
die **Keste**［栗（くり）］= Kastanie［栗（くり）］
die **Kette**［鎖］, a**nketten**［鎖でつなぐ］
　　keuchen［あえぐ］, der **Keuchhusten**［百日咳］
die **Keule**［棍棒（こんぼう）］
die **Keusche**［みすぼらしい家］
　　kichern［くすくす笑う］
der **Kiebitz**［（トランプやチェスなどの）うるさい見物人］, **kiebitzen**［口出しをする］
der **Kiefer**［あご］, Oberkiefer［うわあご］
die **Kiefer**［松］= Föhre［松］
der **Kiel**［鳥の羽茎、（船の）キール］

der **Kater**［雄猫］
Katharina［カタリーナ］, **Katharine**［カタリーネ］
das **Katheder**［教壇］
die **Kathete**［直角三角形の隣辺］
der **Katholik**［カトリック教徒］, **katholisch**［カトリックの］
der **Kattun**［コットン］
die **Katze**［猫］, **katzenartig**［猫のような］
kauen［噛む］
kauern［しゃがみこんでいる］
der **Kauf**［購入］, **kaufen**［買う］
der **Käufer**［買い手］
der **Kaufmann**［商人］
die **Kaulquappe**［オタマジャクシ］
kaum［ほとんど…ない］
der **Kautschuk**［生ゴム］
der **Kauz**［フクロウ］, das **Käuzchen**［小さなフクロウ］
der **Kavalier**［騎士］
die **Kavallerie**［騎兵隊］, der **Kavallerist**［騎兵］
keck［向こう見ずな］, die **Keckheit**［向こう見ず］
der **Kegel**［（九柱戯・ボウリングの）ピン］, **kegeln**［九柱戯（ボウリング）をする］= **kegelscheiben, kegelschieben**［九柱戯（ボウリング）をする］
die **Kehle**［のど］, der **Kehlkopf**［喉頭］
kehren［向きを変える］
der **Kehricht**［（掃き集めた）ごみ］
keifen［（金切り声で）ののしる］
der **Keil**［くさび］, **keilen**［くさびを打つ］
der **Keim**［芽］, **keimen**［芽を出す］
kein, keiner, keine, keines［（ひとつも）…ない］
keinerlei［どんな…もない］
keinesfalls［決して…ない］

der **Karfreitag** [聖金曜日]
　karieren [チェックの柄をつける], **kariert** [チェック柄の]
die **Karikatur** [カリカチュア]
　Karl [カール], Karoline [カロリーネ]
　karminrot [えんじ色の]
das **Karnickel** [カイウサギ]
　Kärnten [ケルンテン], der **Kärntner** [ケルンテンの人], **kärntnerisch** [ケルンテンの]
　Karoline [カロリーネ]
die **Karotte** [ニンジン]
der **Karpfen** [鯉（こい）]
der **Karren** [手押し車]
der **Karsamstag** [聖土曜日]
die **Karte** [カード]
die **Kartoffel** [ジャガイモ]
der **Karton** [厚紙]
das **Karussell** [メリーゴーラウンド]
die **Karwoche** [聖週間]
der **Käse** [チーズ]
die **Kaserne** [兵営]
　Kaspar [カスパル]
der **Kasperl** [カスパー（人形劇の道化役）]
die **Kassa**, die **Kasse** [金庫、レジ]
der **Kassier** [出納係], **einkassieren** [集金する]
die **Kastanie** [栗（くり）]
der **Kasten** [箱]
der **Katalog** [カタログ]
der **Katarrh** [カタル]
der **Kataster** [土地台帳]
der **Katechet** [教理教師]
der **Katechismus** [教理問答（書）], ‑ismen [複数形]

die **Kanalisation** [運河工事], **kanalisieren** [運河を掘る]
das **Kanapee** [ソファ、カナッペ]
der **Kanarienvogel** [カナリア]
der **Kandiszucker** [氷砂糖]
das **Kaninchen** [イエウサギ]
die **Kanne** [ポット]
der **Kanon** [カノン]: Gesang [歌]; Kanons [複数形]
die **Kanone** [カノン砲]: Waffe [武器]
die **Kante** [(多面体の) 角], **kantig** [角のある]
die **Kantine** [(工場や兵営の) 食堂]
die **Kanzel** [(教会の) 説教壇]
die **Kanzlei** [事務所、官房]
der **Kanzler** [首相]
der **Kapaun** [去勢された雄鶏]
die **Kapelle** [チャペル]
der **Kapellmeister** [楽長]
   kapieren [理解する] = verstehen [理解する]
das **Kapital** [資本], der Kapitalist [資本家]
der **Kapitän** [キャプテン]
das **Kapitel** [(本の) 章]
die **Kappe** [縁なしの帽子]
die **Kaprize** [気まぐれ] = Laune [気まぐれ]; **kapriz**ieren [言い張る]
die **Kapsel** [カプセル]
   kaputt [こわれた]
die **Kapuze** [フード、僧帽]
der **Karabiner** [カービン銃]
das **Karbid** [炭化物]
das **Karbol** [石炭酸]
der **Kardinal** [枢機卿], Kardinäle [複数形]
der **Karfiol** [カリフラワー]

der **Jux**［冗談］

K.

die **Kabine**［船室］
das **Kabinett**［小部屋］
die **Kachel**［化粧タイル］, Kachelofen［タイル張りの暖炉］
der **Käfer**［甲虫］
der **Kaffee**［コーヒー］
der **Käfig**［檻］
　　kahl［はげた］, kahlköpfig［はげ頭の］
der **Kahn**［小舟］, Kähne［複数形］
der **Kaiser**［皇帝］, die Kaiserin［女帝、皇后］, kaiserlich［皇帝の］
die **Kajüte**［船室］
der **Kakao**［ココア］
das **Kalb**［子牛］, Kälber［複数形］, kalben［牛が子を産む］, kälbern［子牛肉の］, das Kälberne［子牛肉］
der **Kalender**［カレンダー］
das **Kali**［カリ］
der **Kalk**［石灰］
　　kalt［寒い］, kälter［比較級］, am kältesten［最上級］
die **Kälte**［寒さ］
das **Kamel**［ラクダ］
der **Kamerad**［仲間］, die Kameradin［仲間（女）］, ‑innen［仲間（女）：複数形］
die **Kamille**［カモミール］, Kamillentee［カモミール茶］
der **Kamin**［暖炉］
der **Kamm**［くし］, Kämme［複数形］, **kämmen**［（髪を）くしでとかす］
die **Kammer**［小部屋］
der **Kampf**［戦い］, Kämpfe［複数形］, **kämpfen**［戦う］
der **Kanal**［運河］, Kanäle［複数形］

der **Jesuit**［イエズス会士］
  Jesus［イエス］, **Jesus Christus**［イエス・キリスト］
  jetzig［今の］, die jetzige Zeit［現時点］
  jetzt［今］
das **Joch**［くびき］
das **Jod**［ヨウ素］, jodiertes Salz［ヨウ素添加塩］
  jodeln［ヨーデルを歌う］, der **Jodler**［ヨーデル歌手］
  Johann［ヨーハン］, **Johannes**［ヨハネス］, **Johanna**［ヨハナ］
  Josef［ヨーゼフ］, **Josefa**［ヨゼーファ］, **Josefine**［ヨゼフィーネ］
der **Jubel**［歓声］, **jubeln**［歓声をあげる］
das **Jubiläum**［記念祭］
  jucken［かゆい］
der **Jude**［ユダヤ人］, **jüdisch**［ユダヤの］
die **Jugend**［青春］, **jugendlich**［青春の］
der **Juli**［7月］：Monat［月］
  Julia［ユーリア］, **Julie**［ユーリエ］, **Julius**［ユーリウス］
  jung［若い］, jünger［比較級］, am jüngsten［最上級］
der **Junge**［男の子］ = Knabe［男の子］
das **Junge**［(動物の) 子］ = junges Tier［幼い動物］
der **Jünger**［弟子］
die **Jungfer**［未婚の若い女性］, die **Jungfrau**［処女］
der **Junggeselle**［独身の男性］
der **Jüngling**［若者］
  jüngst［最近の］
der **Juni**［6月］：Monat［月］
der **Jupiter**［木星］：Planet［惑星］
der **Jurist**［法律家］
  just, **justament**［ちょうど］
  Justine［ユスティーネ］
die **Justiz**［司法］
das **Juwel**［宝石］, der **Juwelier**［宝石商］

J (j).

ja［(肯定の返事) はい］

die **Jacke**［上着］, das **Jäckchen**［小さい上着］

die **Jagd**［狩り］, Jag**d**en［複数形］, **jagen**［狩りをする］, jag**t**e［過去基本形］, gejag**t**［過去分詞］, er jag**t**［彼は狩りをする］, sie jag**t**en［彼らは狩りをした］

der **Jäger**［狩人］, die Jägerei［狩猟、狩人］

das **Jahr**［年］, **jährlich**［毎年の］, Jahrhundert［1世紀］, Jahreszeit［季節］, Jahrmarkt［年の市］

der **Jähzorn**［短気］, **jähzornig**［短気な］

Jakob［ヤーコプ］

der **Jammer**［嘆き］, **jammern**［嘆く］

jämmerlich［悲惨な］

der **Jänner** oder **Januar**［Jänner または Januar : 1月］

Japan［日本］, **japanisch**［日本の］

jäten, ausjäten［雑草をむしる］

die **Jauche**［下肥］

jauchzen［歓声をあげる］

die **Jause**［間食］

jawohl［そのとおりです］

je［かつて、…であればあるほど］; je mehr, desto besser［多ければ多いほどよい］

jedenfalls［いずれにしても］

jeder, jede, jedes［どの…も］, jedesmal［毎回］

jedoch［しかしながら］

jeher, von jeher［以前から］

jemals［かつて、いつか］

jemand［誰かある人：1格］

jener, jene, jenes［あの］

jenseits［…の向こう側に］

der **Installateur** [取り付け業者], die Installation [取り付け], **installieren** [取り付ける]

inständig [切実な]

der **Instinkt** [本能]

das **Institut** [研究所]

das **Instrument** [器具]

intakt [損なわれていない] = unversehrt [無傷の]

intelligent [知的な], die Intelligenz [知能]

interessant [興味深い], das Interesse (Aufmerksamkeit, Teilnahme) [興味 (注意、関心)], **interessieren** [興味をひく]

intern [内部の], das Internat [寄宿学校]

international (auf alle Nationen ausgedehnt) [国際的な (全世界規模の)]

intim [親密な] = vertraut [親しい]

invalid [傷病の], der Invalide [傷病者]

inwendig [内部の]

inzwischen [その間に]

irden [陶製の], irdenes Geschirr [陶器]

irdisch [この世の], unterirdisch [地下の、冥界の]

irgend [何か (誰か) ある…], **irgendeiner** [何かあるもの、誰かある人]

irgendwo [どこかに], irgendwohin [どこかへ]

irren [思い違いをする], irrte [過去基本形], geirrt [過去分詞], du irrst dich [君は勘違いしている]

der **Irrtum** [間違い], ⸗tümer [複数形], irrtümlich [間違った]

die **Isolation** [隔離], **isolieren** [隔離する]

ist […である：動詞 sein の3人称単数現在], er ist (von **sein**) [彼は…である (動詞 sein から)]

Italien [イタリア], der Italiener [イタリア人], italienisch [イタリアの]

der **Index**［索引］
der **Indianer**［インディアン］, **indianisch**［インディアンの］
    Indien［インド］, **indisch**［インドの］
das **Individuum**［個人］, Individuen［複数形］
die **Induktion**［帰納法、誘導］, der Induktor［誘導子］
die **Industrie**［工業］, der Industrielle［工場経営者］
    ineinander［互いの中へ］
    infam［卑劣な］, die Infamie［卑劣な言動］
die **Infanterie**［歩兵隊］, der Infanterist［歩兵］
die **Infektion**［感染］, infi**z**ieren［感染させる］
die **Influenza**［インフルエンザ］
    infolge［…の結果として］, infolge**dess**en［その結果］
der **Ingenieur**［エンジニア］
der **Inhaber**［オーナー］
der **Inhalt**［内容］, Inhaltsverzeichnis［目次］
die **Injektion**［注射］
das **Inland**［国内］, **inländisch**［国内の］
    innen［内側に（で）］: **drinnen**［屋内で］; von innen zusperren ［内側から鍵をかける］
    innere［内の］, das Innere［内部］
    innerhalb［…の中に］, **innerlich**［心の中の］
    innig［心からの］, die In**nig**keit［心がこもっていること］
die **Innung**［同業組合］
    ins［…の中へ：前置詞と定冠詞の融合形］= **in das**
die **Inschrift**［碑文］
das **Insekt**［昆虫］
die **Insel**［島］
das **Inselt**［ヘット（牛脂）］= Unschlitt［ヘット（牛脂）］
    insofern［その限りでは］
der **Inspektor**［検査官］, die Inspektion［検査］
    inspizieren［検査する］

の、それ（ら）の], **ihrem** [彼女の、彼（女）らの、それ（ら）の]、**ihren** [彼女の、彼（女）らの、それ（ら）の]、**ihre** [彼女の、彼（女）らの、それ（ら）の]、**ihrer** [彼女の、彼（女）らの、それ（ら）の]、**ihrige** [彼女のもの、彼（女）らのもの、それ（ら）のもの]

ihretwegen [彼女のために、彼（女）らのために、それ（ら）のために]

die **Illumination** [イルミネーション]、**illuminieren** [イルミネーションで飾る]

die **Illustration** [イラスト]、**illustrieren** [イラストを入れる]

der **Iltis** [ケナガイタチ]、-**isse** [複数形]

im […の中で：前置詞と定冠詞の融合形] = **in dem**, in der Mundart: „in", z. B.: „I woar **in** Zimmer" [方言では：„in"、例：「私は部屋にいた」]；**im voraus** [前もって]

der **Imbiß** [軽食]、Imbisse [複数形]

die **Imitation** [まね]

der **Imker** [養蜂家]

immer [いつも]

immerhin [とにかく]

immerwährend [絶え間ない]

impertinent [あつかましい]、die Impertinenz [あつかましさ]

impfen [予防接種する]、die Impfung [予防接種]

der **Import** [輸入]、der Importeur [輸入業者]、importieren [輸入する]、importiert [輸入された]

imprägnieren [（防腐剤などを）染み込ませる]

imstande sein […することができる]

in […の中]、in der Mundart: „in"、z. B.: „I geh **in** d' Schul" [方言では：„in"、例：「私は学校へ行く」]

inbrünstig [熱烈な]

indem […している間に、…することによって]、**indessen** [その間に]

hüpfen [ぴょんぴょん跳ねる]

hurra! [万歳！]

hurtig [機敏な]

huschen [さっと動く]

der **Husten** [せき], **h**usten [せきをする]

der **Hut** [帽子], Hüte [複数形]

hüten [見張る], Vieh hüten [家畜の番をする]

die **Hutsche** [ブランコ], **h**utschen [ブランコ遊びをする]

die **Hütte** [小屋]

der **Hydrant** [消火栓]

die **Hymne** [賛歌]

die **Hypotenuse** [直角三角形の斜辺]

I (i).

ich [私は：1格]

Ida [イーダ]

ideal [理想的な], der **Idealist** [理想主義者]

die **Idee** [アイデア]

der **Igel** [ハリネズミ]

Ignaz [イグナーツ]

ihm [彼に、それに：er, es の3格], in der Mundart: „eam", z. B.: „I hob **eam** g'sogt ..." [方言では：„eam"、例：「私は彼に…と言った」]

ihn [彼を、それを：er の4格], in der Mundart: „n" oder „m", z. B.: „I hob **m** g'sehn" [方言では：„n" または „m"、例：「私は彼を見た」]

ihnen [彼らに、それらに：sie の3格], in der Mundart: „eana", z. B.: „I hob 's **eana** g'sogt" [方言では：„eana"、例：「私はそれを彼らに言った」]

ihr [彼女に、それに：sie の3格] [君たちは：1格] [彼女の、彼（女）らの、それ（ら）の：sie の所有冠詞], **i**hres [彼女の、彼（女）ら

horchen [聞き耳をたてる], der **Horcher** [立ち聞きする人]
hören [聞く], der **Hörer** [聞き手], das **Gehör** [聴覚]
der **Horizont** [地平線], **horizontal** [水平の]
das **Horn** [角（つの）、ホルン], **Hörner** [複数形]
die **Hornis** [モンスズメバチ], ₌**nisse** [複数形]
der **Hornist** [ホルン奏者] = **Hornbläser** [ホルン奏者]
der **Horst** [(高い所にある) 猛禽類の巣]
der **Hort** [財宝]
die **Hose** [ズボン], das **Höschen** [ショーツ]
die **Hostie** [聖餅（ホスチア）]
das **Hotel** [ホテル], der **Hotelier** [ホテルの経営者]
hübsch [かわいらしい]
hudeln [ずさんな仕事をする]
der **Huf** [ひづめ], **Hufeisen** [蹄鉄]
die **Hüfte** [腰、ヒップ]
der **Hügel** [丘], **hügelig** [丘の]
das **Huhn** [ニワトリ], **Hühner** [複数形]
das **Hühnerauge** [魚の目]
die **Hülle** [覆い（カバー）], **hüllen** [包む], **einhüllen** [詰める]
die **Hülse** [(豆の) さや], **Hülsenfrüchte** [豆果]
die **Hummel** [マルハナバチ]
der **Humor** [ユーモア]
humpeln [足を引きずって歩く]
der **Humus** [腐植土]
der **Hund** [犬], die **Hündin** [雌犬], ₌**innen** [雌犬：複数形], **Hundstage** [盛夏（7月23日ごろ〜8月23日ごろ）]
hundert [100], das **Hundert** [(単位としての) 100]：viele **Hunderte** [何百もの人（もの）]；**hundertste** [100番目の], **hundertmal** [100回], der **Hunderter** [3桁の数], das **Hundertstel** [100分の1]
der **Hunger** [空腹], **hungern** [お腹が空いている], **Hungersnot** [飢饉]

höchst [hoch「高い」の最上級], **höchstens** [多くても、せいぜい]

die **Hochzeit** [結婚式]

hocken [しゃがんでいる]

der **Höcker** [こぶ], **höckerig** [でこぼこした]

der **Hof** [中庭], **Höfe** [複数形]

hoffen [望む], die **Hoffnung** [希望], **hoffentlich** […であればよいが]

höflich [ていねいな], die **Höflichkeit** [礼儀]

der **Hofrat** [宮廷顧問官], **Hofräte** [複数形]

die **Höhe** [高さ]

höher [hoch「高い」の比較級]

hohl [空洞の]：**leer** [空の]；die **Höhlung** [空洞], **Hohlraum** [空洞]

die **Höhle** [洞穴], **höhlen** [くり抜く] = **aushöhlen** [くり抜く]

das **Hohlmaß** [桝], **Hohlmaße** [複数形]

der **Hohn** [あざけり], **höhnen** [あざける], **höhnisch** [あざけるような]

holen [取ってくる] = **bringen** [持ってくる]；**holte** [過去基本形], **geholt** [過去分詞], **hol mir ...!** [私に…を取ってきて！]

der **Holer**, der **Holunder** [ニワトコ]

Holland [オランダ], **Holländer** [オランダ人], **holländisch** [オランダの]

die **Hölle** [地獄], **Himmel und Hölle** [天国と地獄], **höllisch** [地獄の]

holpern [がたがた揺れる], **holprig** [でこぼこの]

der **Holunder** [ニワトコ]

das **Holz** [木材], **Hölzer** [複数形], **holzen** [伐採する], **hölzern** [木の], **holzig** [木質の]

der **Holzschnitt** [木版、木彫]

der **Honig** [蜂蜜]

der **Hopfen** [ホップ]

die **Hilfe**［助け］, zu Hilfe［助けを求めて］
hilflos［助けのない］
die **Himbeere**［キイチゴ］
der **Himmel**［空］, Himmelfahrt［昇天］
die **Himmelschlüssel**［セイヨウサクラソウ］
hin［あちらへ］, hin und her［あちこちへ］
hinab［下へ］, **hinauf**［上へ］, **hinaus**［外へ］
hindern［妨げる］, das **Hindernis**［障害］, ≈nisse［複数形］
hinein［中へ］
hinken［足を引きずって歩く］
hinten［後ろに］
hinter［…の後ろ］, **hinterher**［後ろから］
hintereinander［前後に並んで］
hinterlassen［あとに残す］, ≈ließ［過去基本形］, ≈läßt［現在人称変化（2人称、3人称単数）］
hinterlistig［腹黒い］
hinterrücks［背後から］
hinüber［向こう側へ］
hinum［…の周りを］
hinunter［下へ］
das **Hirn**［脳］
der **Hirsch**［鹿］
die **Hirse**［キビ］
der **Hirt**［羊飼い］
die **Hitze**［暑さ］
hitzig［怒りっぽい］
der **Hobel**［かんな］, hobeln［かんなで削る］
hoch［高い］, höher［比較級］, am höchsten［最上級］
die **Hochachtung**［尊敬］, **h**ochachtungs**v**oll［（手紙の結びで）敬具］
hochdeutsch［高地ドイツ語の］
der **Hochmut**［思い上がり］, **hochmütig**［思い上がった］

 herrlich［すばらしい］, die **Herrlichkeit**［すばらしさ］
die **Herrschaft**［支配］, **herrschaftlich**［主人の］
 herrschen［支配する］, der **Herrscher**［支配者］
 herstellen［製造する］, **hergestellt**［製造された］
 herüber［こちら側へ］
 herum［…のまわりを回って］
 herunter［下へ］
 hervor［前へ］
das **Herz**［心臓］, das **Herzklopfen**［動悸］
 herzig［かわいらしい］
 herzlich［心からの］, die **Herzlichkeit**［まごころ］
der **Herzog**［公爵］, das **Herzogtum**［公国］
die **Hetze**［扇動、あわただしさ］, **hetzen**［駆り立てる］, **hetzte**［過去基本形］, **gehetzt**［過去分詞］
das **Heu**［干し草］, **Heuernte**［干し草の刈り入れ］
 heucheln［うわべを偽る］, der **Heuchler**［偽善者］
 heuer［今年は］
 heulen［吠える］
 heurig［今年の］, **heurige Erdäpfel**［新ジャガイモ］, der **Heurige (Wein)**［ホイリゲ（ワイン）］
die **Heuschrecke**［バッタ、イナゴ］
 heute［きょう］, **heute abend**［今晩］, **heutig**［きょうの］
die **Hexe**［魔女］, die **Hexerei**［魔法］
der **Hexenschuß**［ぎっくり腰］
der **Hieb**［一撃］
 hier［ここ（に、で）］
 hierauf［この上に］
 hierher［こちらへ］
 hierhin［ここへ］
 hiesig［ここの］
 Hilda［ヒルダ］

Heizung［暖房装置］
das **H**ektar［ヘクタール］= ha
der **H**ektoliter［ヘクトリットル］= hl
der **H**eld［英雄、主人公］
　　helfen［助ける］, half［過去基本形］, geholfen［過去分詞］, du hilfst［君は助ける］, hilft［現在人称変化（3人称単数）］, hilf![助けて！：命令形] der **H**elfer［助力者］, die **H**ilfe［助け］
　　hell［明るい］, die **H**elle oder die **H**elligkeit［Helle または Helligkeit：明るさ］
der **H**elm［ヘルメット］
das **H**emd［シャツ］, die **H**em**d**en［複数形］
　　hemmen［妨げる］, die **H**emmung［阻止］
der **H**emmschuh［ブレーキシュー］
der **H**engst［雄馬］
der **H**enkel［取っ手］
　　her［こちらへ］, hin und her［あちこちへ］
　　herab［下へ］, **h**eran［こちらへ］, **h**erauf［上へ］
　　heraus［外へ］
　　heraußen［ここの屋外で］
　　herb［渋い］
　　herbei［こちらへ］
der **H**erbst［秋］, **h**erbstlich［秋の］
die **H**erbstzeitlose［イヌサフラン］
der **H**erd［かまど］
die **H**erde［（家畜の）群れ］, Schafherde［羊の群れ］
　　herein［中へ］
　　Hermann［ヘルマン］
　　Hermine［ヘルミーネ］
　　hernach［その後で］
der **H**err［主人、紳士］, Herr Lehrer［先生（呼びかけ）］
der **H**errgott［主なる神］

die **H**ecke［生け垣］
der **H**ederich［セイヨウノダイコン］
　　Hedwig［ヘートヴィヒ］
das **H**eer (Soldaten)［軍隊（兵士）］
die **H**efe［酵母］= Germ［イースト］
das **H**eft［ノート］
　　heften［留める］
　　heftig［激しい］, die **H**eftigkeit［激しさ］
　　hegen［保護する］, der **H**eger［林務官］
die **H**eide［荒地］, **H**eidekraut［ヒース］
die **H**eidelbeere［セイヨウスノキ］
　　heikel, **h**eiklig［扱いにくい］
das **H**eil［無事、幸福］, **h**eil［無傷の］, **h**eilen［治す、治る］, die **H**eilung［回復］
der **H**eiland［救い主］
　　heilig［聖なる］, der **H**eilige［聖人］, **H**eiligenbild［聖画］
das **H**eim［わが家］, **h**eim gehen［家（故郷）へ帰る］, **h**eimkehren［帰宅（帰郷）する］
die **H**eimat［故郷］
　　heimlich［秘密の］
　　heimwärts［わが家へ］
das **H**eimweh［ホームシック］
　　Heinrich［ハインリヒ］
die **H**eirat［結婚］, **h**eiraten［結婚する］
　　heiß［熱い］, **h**eißer［比較級］, am **h**eißesten［最上級］
　　heißen［…という名前である］, **h**ieß［過去基本形］, **g**eheißen［過去分詞］, du **h**eißt［君の名前は…だ］
　　heiser［しわがれた］, die **H**eiserkeit［しわがれ声］
　　heiter［晴れやかな］, die **H**eiterkeit［快活さ］
　　heizen［暖房する］, **h**eizte［過去基本形］, **g**eheizt［過去分詞］, du **h**eizt［君は部屋を暖める］, der **H**eizer［ボイラーマン］, die

hart［かたい］, **härter**［比較級］, die **Härte**［かたさ］, **härten**［かたくする］

das **Harz**［樹脂］, **harzig**［樹脂の］

der **Haß** (von hassen)［憎しみ（動詞 hassen「憎む」から）］
haschen［すばやく捕まえる］

der **Hase**［野ウサギ］

die **Haselnuß**［ヘーゼルナッツ］, ₋**nüsse**［複数形］
häßlich［醜い］

die **Haspel**［巻き上げ機］, **haspeln**［巻き上げる］
hassen［憎む］, **haßte**［過去基本形］, **gehaßt**［過去分詞］

die **Hast**［大急ぎ］, **hastig**［大急ぎの］, **hasten**［急いで行く］

die **Haube**［(女性がかぶる) ボンネット］, das **Häubchen**［小さなボンネット］

der **Hauch**［息］, **hauchen**［息を吐く］
hauen［ぶつ］, **hieb**［過去基本形］, **gehauen**［過去分詞］, du **haust**［君はぶつ］, er **haut**［彼はぶつ］

der **Haufe**［堆積］, **anhäufen**［たくわえる］
häufig［ひんぱんな］

das **Haupt**［頭］, **Häupter**［複数形］, **Hauptsache**［主要なこと］, **hauptsächlich**［主要な］, Hauptstadt［首都］, Hauptwort［名詞］

das **Haus**［家］, **Häuser**［複数形］, **häuslich**［家庭の］, das **Häuschen**［小さい家］, der **Häusler**［小作人］, **haushalten**［やりくりする］, zu **Hause**［家で］
hausen［(劣悪な環境に) 住む］, **hauste**［過去基本形］, **gehaust**［過去分詞］
hausieren［行商する］, der **Hausierer**［行商人］

die **Haut**［皮膚、（動物の）皮］, **Häute**［複数形］, **häuten**［皮をはぐ］

die **Hebamme**［助産婦］

der **Hebel**［てこ］
heben［持ち上げる］, **hob**［過去基本形］, **gehoben**［過去分詞］

der **Heber**［サイフォン］

der **Halunke**［ペテン師］
der **Hammel**［去勢した雄羊］, Hämmel［複数形］
der **Hammer**［ハンマー］, Hämmer［複数形］, **hämmern**［ハンマーで打つ］
der **Hampelmann**［あやつり人形］
der **Hamster**［ハムスター］, **hamstern**［買いだめする］
die **Hand**［手］, Hände［複数形］
der **Handel**［商売］, **handeln**［取り扱う、行動する］
der **Handgriff**［手でつかむこと、取っ手］
der **Händler**［商人］
die **Handlung**［行為］
der **Handschuh**［手袋］
das **Handwerk**［手工業］
der **Hanf**［麻］
der **Hang**［斜面］, Hänge［複数形］
hängen［掛かっている］: angehängt sein［引っ掛けられている］; der Hut hängt am Haken［帽子はフックに掛かっている］, hing［過去基本形］, gehangen［過去分詞］
hängen［掛ける］: anhängen［引っ掛ける］; ich hänge den Hut auf［私は帽子を掛ける］, hängte［過去基本形］, gehängt［過去分詞］
Hanna［ハナ］
Hans［ハンス］, Hänschen［ヘンスヒェン］, Hansel［ハンゼル］
das **Hantel**［ダンベル］
hantieren［道具を扱う］
die **Harfe**［ハープ］
harmlos［無害の］
die **Harmonika**［ハーモニカ］
das **Harmonium**［ハルモニウム］
der **Harn**［尿］
der **Harnisch**［甲冑］

die **Hacke** [くわ], **hacken** [くわで耕す]
der **Häcksel**, der **Häckerling** [切りわら]
der **Hader** [争い]
der **Hafen** [港], **Häfen** [複数形]
der **Hafer** [カラスムギ]
das **Häferl** [カップ、茶わん] = **Töpfchen** [カップ、茶わん]
der **Hafner** [陶工]
die **Haft** [拘留]
das **Haftel** [留め金]
haften [くっつく]
der **Hagel** [あられ、ひょう], **h**ageln [あられ（ひょう）が降る], es hagelt [あられ（ひょう）が降る]
der **Hahn** [雄鶏（おんどり）], **Hähne** [複数形]
häkeln [かぎ針で編む], die **H**äkelei [かぎ針編み]
der **Haken** [フック], das **Häkchen** [小さなフック]
halb [半分の], **halbieren** [半分にする]
die **Halbscheid** [半分]
halbwegs [途中で]
die **Hälfte** [半分]
die **Halle** [ホール]
halleluja! [ハレルヤ！]
hallen [鳴り響く], es hallt [鳴り響く]
hallo! [おーい！]
der **Halm** [茎]
der **Hals** [首], **Hälse** [複数形]
der **Halt** [支え、停止], den Halt verlieren [ぐらつく], **halt!** [止まれ！]
haltbar [長もちする]
halten [保つ、（手に）持っている], **hielt** [過去基本形], **gehalten** [過去分詞], du hältst [君は保つ], er hält [彼は保つ]
die **Haltung** [姿勢]

die **Gruppe**［グループ］, **gruppieren**［グループ分けする］
der **Gruß**［あいさつ］, Grüße［複数形］
 gruseln［ぞっとする］, gruselig［気味の悪い］
 grüßen［あいさつする］, grüßte［過去基本形］, gegrüßt［過去分詞］, du grüßt［君はあいさつする］, grüß Gott!［こんにちは！］
 gucken［見る, のぞく］, der **Gucker**［オペラグラス］
der **Gugelhupf**［クグロフ（スポンジケーキ）］
das **Gulasch**［グーラシュ（ビーフシチュー）］
 gültig［有効な］, die **Gültigkeit**［有効性］
der **Gummi**［ゴム］, **gummieren**［のりを塗る］
 günstig［好都合な］
die **Gurgel**［のど］, **gurgeln**［うがいをする］
die **Gurke**［キュウリ］, Essiggurke［ピクルス］
der **Gurt**［安全ベルト］, die **Gurte**［複数形］
der **Gürtel**［ベルト］, **gürten**［ベルトを巻きつける］
der **Guß**［鋳物］, des Gusses［鋳物の：単数2格］, Güsse［複数形］
der **Gusto**［欲求］＝ Lust［欲求］
 gut［よい］, besser［比較級］, am besten［最上級］, das **Gut**［財産］, Güter［複数形］
die **Güte**［善意］
 gutmütig［親切な］
das **Gymnasium**［ギムナジウム］, Gymnasien［複数形］, der Gymnasiast［ギムナジウムの生徒］

H.

das **Haar**［髪］, **haarig**［毛の生えた］, das **Härchen**［細い毛］
 haben［持っている］, **hatte**［過去基本形］, gehabt［過去分詞］, du hast［君は持っている］, er hat［彼は持っている］
die **Habgier**［貪欲］, **habgierig**［貪欲な］
der **Habicht**［オオタカ］
die **Habsucht**［貪欲］, **habsüchtig**［貪欲な］

- der **Grieche** [ギリシャ人], **griechisch** [ギリシャの], **Griechenland** [ギリシャ]
- der **Grieß**, **Grieß**mehl [粗びきの穀粉]
- der **Griff** [にぎること、取っ手]
- der **Griffel** [石筆]
- die **Grille** [コオロギ]
- der **Grimm** [憤怒], **grimmig** [憤激した]
- der **Grind** [かさぶた], **grindig** [かさぶたのある]
    - **grinsen** [にやにや笑う]
- die **Grippe** (Krankheit) [インフルエンザ（病気）]
    - **grob** [きめの粗い], **gröber** [比較級], am **gröbsten** [最上級], die **Grob**heit [粗野], der **Grob**ian [粗野な人]
- der **Groll** [恨み], **grollen** [恨む]
    - **groß** [大きい], **größer** [比較級], am **größten** [最上級], die **Größe** [大きさ]
    - **groß**artig [すばらしい], **groß**mütig [太っ腹な]
- der **Groschen** [グロッシェン]
- die **Grotte** [洞窟]
- die **Grube** [穴]
    - **grübeln** [思い悩む], der **Grübler** [くよくよ思い悩む人]
- die **Gruft** [地下納骨堂], **Grüfte** [複数形]
- das **Grummet** [二番刈りの干し草]
    - **grün** [緑の], im **Grünen** [緑の自然で], **grünen** [緑色になる], es grünt [（草木が）芽を出す]
- der **Grund** [土地、基礎、理由], die **Gründe** [複数形]
    - **gründen** [設立する], der **Gründer** [設立者]
    - **gründlich** [徹底的な], die **Gründlich**keit [徹底性]
- der **Grundriß** [見取り図], ⸗risse [複数形]
    - **grünen** [緑色になる], es grünt [（草木が）芽を出す]
- der **Grünspan** [緑青]
    - **grunzen** [（豚が）ブーブー鳴く]

der **Grad**［度合い、度（単位）］, **Grade**［複数形］, 3 Grad Wärme［温度3度］
der **Graf**［伯爵］, die **Gräfin**［伯爵（女）、伯爵夫人］
der **Gram**［悲嘆］, **grämlich**［不機嫌な］
das **Gramm**［グラム］＝ Grammgewicht［グラム］
das **Grammophon**［蓄音機］
die **Granate**［榴弾］
der **Granit**［花崗岩］
der **Graphit**［グラファイト］
das **Gras**［草］, **Gräser**［複数形］, **grasen**［草を食（は）む］
 gräßlich［ぞっとするような］
der **Grat**［稜線］＝ Schneide eines Berges［山の尾根］
die **Gräte**［（魚の）骨］＝ Fischgräte［魚の骨］
 gratis［無料で］
 grätschen［開脚する］, die **Grätsche**［開脚跳び］
 gratulieren［お祝いを言う］, die **G**ratulation［お祝い］
 grau［グレーの］
die **Graupe**［精麦］
 graupeln［あられが降る］
 grausam［残酷な］, die **G**rausamkeit［残酷］
 grauslich［恐ろしい］
 graziös［優雅な］
 greifen［つかむ］, **griff**［過去基本形］, **gegriffen**［過去分詞］
 greinen［めそめそ泣く］
der **Greis**［老人（男）］, die **G**reisin［老人（女）］, -innen［老人（女）：複数形］
der **Greisler**［食料品商］
 grell［ぎらぎらした］
die **Grenze**［境界］, **a**ngrenzen［境を接する］
 Grete［グレーテ］, **Gretel**［グレーテル］
 greulich［身の毛のよだつ］

das **Gloria** [神の栄光]
    glotzen [（ぽかんと）見つめる], glotzte [過去基本形], geglotzt [過去分詞]
das **Glück** [幸運, 幸福], **glücklich** [幸運な、幸福な]
    glücken [成功する, es glückt [うまくいく]
    glückselig [とても幸せな]
    glühen [（炎をあげずに）赤く燃える], glühte [過去基本形], geglüht [過去分詞], die Glut [赤く燃える火]
der **Glühwurm** [ホタル], ⸗würmer [複数形]
die **Glut** [赤く燃える火]
das **Glyzerin** [グリセリン]
die **Gnade** [恩寵], **gnädig** [情け深い]
der **Gneis** [片麻岩]
der **Gockelhahn** [雄鶏（おんどり）], ⸗hähne [複数形]
das **Gold** [金], **golden** [金の]
die **Gondel** [ゴンドラ], gondeln [ゴンドラで行く]
    gönnen [恵む]
der **Göpel** [巻き上げ機]：Pferdegöpel [（馬の力を使った）巻き上げ機]
    gotisch [ゴシック様式の], die **Gotik** (Baustil) [ゴシック様式（建築様式）]
der **Gott** [神], Götter [複数形], **göttlich** [神の、神々しい]
    Gottlieb [ゴットリープ]
    gottlob! [ありがたい！]
der **Götze** [偶像]
das **Grab** [墓], Gräber [複数形]
    graben [掘る], grub [過去基本形], gegraben [過去分詞], du gräbst [君は掘る], gräbt [現在人称変化（3人称単数）]
der **Graben** [溝], Gräben [複数形]
das **Grabmal** [墓標]
das **Grabscheit** [シャベル]

das **Gitter**［格子］
der **Glanz**［輝き］, **glänzen**［輝く］, glänzen**d**［輝かしい］
das **Glas**［ガラス、グラス］, **Gläser**［複数形］, **gläsern**［ガラス製の］
der **Glaser**［ガラス職人］
    glasieren［うわぐすりをかける］, die **G**lasur［うわぐすり］
    glatt［なめらかな］
die **Glätte**［平らなこと］, **glätten**［平らにする］
die **Glatze**［はげ］, glatzköpfig［はげ頭の］
der **Glaube**［信念、信仰］, **glauben**［信じる］
    gläubig［信心深い］
    gleich［同じ］
    gleichen［似ている］, glich［過去基本形］, geglichen［過去分詞］
    gleichförmig［同形の］
das **Gleichgewicht**［バランス］
    gleichgültig［無関心な］
    gleichmäßig［一定の］
das **Gleichnis**［たとえ（話）］, ‑nisse［複数形］
    gleichsam［いわば］
    gleichzeitig［同時の］
das **Gleis**［レール］= Geleise［レール］
    gleiten［滑る］, glitt［過去基本形］, geglitten［過去分詞］
der **Gletscher**［氷河］
das **Glied**［手足］
die **Gliedmaßen**［四肢］
    glimmen［弱々しく燃える］= glühen［(炎をあげずに) 赤く燃える］; glomm［過去基本形］, geglommen［過去分詞］
der **Glimmer**［雲母］
    glitschen［つるっと滑る］, **glitschig**［つるつるの］
    glitzern［きらきら光る］
der **Globus**［地球儀］, die Globen［複数形］
die **Glocke**［鐘］

das **Getümmel**［人ごみ］
der **Gevatter**［代父］, Gevatterin［代母］, ╝**inn**en［代母：複数形］
das **Gewächs**［植物］
    gewahr werden［気づく］
die **Gewalt**［暴力、権力］, **gewaltig**［巨大な］
das **Gewand**［衣服］, Gewänder［複数形］
das **Gewehr**［銃］
das **Geweih**［シカの角］, Geweihe［複数形］
das **Gewerbe**［生業］
das **Gewicht**［重さ］
der **Gewinn**, der **Gewinst**［利益］
    gewinnen［勝つ］, gewann［過去基本形］, gewonnen［過去分詞］
    gewiß［確かな］, gewisser［比較級］
das **Gewissen**［良心］, **gewissenhaft**［良心的な］
das **Gewitter**［雷雨］, es **gewittert**［雷雨になる］
    gewöhnen［慣れさせる］, gewöhnt［慣れた］
die **Gewohnheit**［習慣］
    gewöhnlich［普通の］
das **Gewölbe**［丸天井］
das **Gewölk**［雲の集まり］
das **Gewürz**［香辛料］
die **Gicht**［痛風］, **gichtisch**［痛風の］
der **Giebel**［切妻］
die **Gier**［激しい欲望］, **gierig**［貪欲な］
    gießen［注ぐ］, goß［過去基本形］, gegossen［過去分詞］
das **Gift**［毒］, **giftig**［有毒の］, **giften**［怒らせる］
das **Gilet**［ジレー（袖なしのチョッキ）］= die Weste［ベスト］
der **Gimpel**［お人よし、ウソ（鳥）］
der **Gipfel**［頂］= Berggipfel［山頂］
der **Gips**［石膏］
die **Gitarre**［ギター］

das **Geschoß**［弾丸］, Geschosse［複数形］
das **Geschütz**［大砲］
das **Geschwätz**［むだ話］, **geschwätzig**［おしゃべりな］
　　geschwind［速い］, die Geschwindigkeit［スピード］
die **Geschwister**［きょうだい］, Geschwisterkind［甥姪、いとこ］
der **Geschworene**［陪審員］
die **Geschwulst**［腫瘍］, ⸗schwülste［複数形］
das **Geschwür**［潰瘍］
der **Geselle**［職人］
die **Gesellschaft**［社会］
das **Gesetz**［法律］, **gesetzlich**［法的な］
das **Gesicht**［顔］
das **Gesindel**［ならず者］
das **Gespann**［(車などを引く) 一組の牛馬］
das **Gespenst**［幽霊］
das **Gespinst**［薄い織物］
das **Gespräch**［会話］
　　gesprenkelt［まだらの］
die **Gestalt**［形］
das **Geständnis**［自白、告白］, ⸗nisse［複数形］
der **Gestank**［悪臭］
　　gestehen［告白する］, ⸗stand［過去基本形］, ⸗standen［過去分詞］
das **Gestell**［台、架、棚］
　　gestern［きのう］, **gestrig**［きのうの］
das **Gestirn**［天体］
das **Gesträuch**［低木の茂み］
das **Gestrüpp**［やぶ］
　　gesund［健康な］, die Gesundheit［健康］
das **Getränk**［飲み物］
das **Getreide**［穀物］
　　getrost［安心した］

geräumig [広々とした]

das **Geräusch** [物音、騒音]

gerben [皮をなめす], der Gerber [製革工]

gerecht [公正な], die Gerechtigkeit [正義]

das **Gericht** [裁判所]

gering [少ない], nicht im geringsten [少しも…ない]

gerinnen [凝固する], geronnen [凝固した]

das **Gerippe** [骸骨]

der **Germ** [イースト] = Hefe [酵母]

der **Germane** [ゲルマン人], germanisch [ゲルマンの]

gern, gerne [好んで]

das **Geröll** [河原石]

die **Gerste** [オオムギ]

die **Gerte** [しなやかな若枝]

der **Geruch** [におい], Gerüche [複数形]

das **Gerümpel** [がらくた]

das **Gerüst** [足場]

gesamt [全体の], die Gesamtheit [全体]

der **Gesang** [歌], Gesänge [複数形]

das **Geschäft** [ビジネス、店], geschäftlich [ビジネスの]

geschehen [起こる], geschah [過去基本形], es geschieht […が起きる]

gescheit [賢い]

das **Geschenk** [プレゼント]

die **Geschichte** [歴史]

das **Geschick** [器用さ], geschickt [器用な], die Geschicklichkeit [器用なこと]

das **Geschirr** [食器]

der **Geschmack** [センス、味覚], Geschmäcke [複数形], geschmacklos [センスのない], geschmackvoll [センスのよい]

das **Geschöpf** [被造物]

die **Gelse** [蚊]
    gelten [価値がある], galt [過去基本形], gegolten [過去分詞], es gilt […が大事だ、…にかかわる]
    gemächlich [ゆったりした]
der **Gemahl** [ご主人], die Gemahlin [奥様], -innen [奥様：複数形]
das **Gemälde** [絵画]
    gemein [卑しい、共通の], die Gemeinheit [卑しさ]
die **Gemeinde** [市町村], Gemeinderat [市・町・村議会]
    gemeinsam [共通の]
das **Gemenge** [混合物]
die **Gemse** [シャモア], Gemsbock [雄のシャモア]
das **Gemüse** [野菜]
    gemütlich [快適な], die Gemütlichkeit [快適なこと]
    genau [精確な], die Genauigkeit [精確]
der **Gendarm** [地方警察官]：Schutzmann [警官]
der **General** [将軍]
das **Genick** [首筋]
    genieren [恥ずかしがる] = schämen [恥じる] (Sprich: schenieren) [(発音：シェニーレン)]
    genießen [楽しむ], genoß [過去基本形], genossen [過去分詞]
    genug [十分に]
    genügen [十分である], **genügend** [十分な]
der **Genuß** [楽しみ], Genüsse [複数形]
die **Geographie** [地理学], **geographisch** [地理上の]
die **Geometrie** [幾何学], **geometrisch** [幾何学の]
    Georg [ゲオルク]
das **Gepäck** [手荷物]：**Reisegepäck** [旅行手荷物]
    gerade [ちょうど、まっすぐな]
    geraten [(予期しないところへ) 行きつく], geriet [過去基本形], es gerät […な状態・結果になる], aufs **Geratewohl** [運を天に任せて]

gegenüber［向かいあって］

die **Gegenwart**［現在］, **gegenwärtig**［現在の］

der **Gegner**［敵］

der **Gehalt**［内容］, **Gehalte**［複数形］

das **Gehäuse**［容器］

geheim［秘密の］, das **Geheimnis**［秘密］, ⸗**nisse**［複数形］

gehen oder **gehn**［gehen または gehn：行く、歩く］, **ging**［過去基本形］, **gegangen**［過去分詞］, **ich gehe**［私は行く］, **gehst**［現在人称変化（2人称単数）］, **geht**［現在人称変化（3人称単数・2人称複数）］, **geh!**［行け！：命令形］

der **Gehilfe**［助手］

das **Gehirn**［脳］

das **Gehör**［聴覚］

gehorchen［従う］, der **Gehorsam**［服従］

gehörig［所属の］

der **Geier**［ハゲタカ］

die **Geige**［バイオリン］, **geigen**［バイオリンを弾く］

die **Geiß**［雌のヤギ］, **Geißen**［複数形］

die **Geißel**［むち］= **Peitsche**［むち］

der **Geist**［精神］, **geistig**［精神的な］

geistlich［宗教上の］, der **Geistliche**［聖職者］

der **Geiz**［けち］, **geizig**［けちな］, **Geizhals**［けちん坊］

das **Gelächter**［大笑い］

das **Geländer**［手すり］

gelb［黄色の］, **gelblich**［黄色っぽい］

das **Geld**［お金］

gelehrig［物覚えがよい］

gelehrt［学識のある］, der **Gelehrte**［学者］

das **Geleise**［レール］

das **Gelenk**［関節］, **gelenkig**［しなやかな］

gelingen［成功する］, **gelang**［過去基本形］, **gelungen**［過去分詞］

die **Geburt**［誕生］, **Geburt**stag［誕生日］
das **Gebüsch**［茂み］
das **Gedächtnis**［記憶］, ‑nisses［記憶の：単数2格］
der **Gedanke**［考え］, **gedanke**nlos［考えのない］
das **Gedärm**［はらわた、内臓］
    gedeihen［成長する］, ged**ie**h［過去基本形］, gediehen［過去分詞］
das **Gedicht**［詩］
    gediegen［頑丈な］
das **Gedränge**［雑踏］
die **Geduld**［忍耐］, **geduld**ig［我慢づよい］
die **Gefahr**［危険］, **gefähr**lich［危険な］
das **Gefälle**［傾斜］
    gefallen［気に入る］, gefiel［過去基本形］, du gefällst［君はお気に入りだ］, gefällt［現在人称変化（3人称単数）］, **einen Gefallen tun**［好意を示す］
    gefällig［親切な］, die **Gefälligkeit**［親切］
das **Gefängnis**［刑務所］, ‑nisse［複数形］
das **Gefäß**［容器］
das **Gefieder**［羽毛］
das **Geflügel**［家禽］
    gefräßig［大食いの］
das **Gefrett**［怒り、心労］
    gefrieren［凍る］, gefroren［凍った］, das Gefrorene［アイスクリーム］
das **Gefühl**［感覚、感情］
    gegen［…の方へ、…に反対して］
die **Gegend**［地域］
    gegeneinander［対立しあって］
    gegenseitig［相互に］
der **Gegenstand**［物体］, Gegenstände［複数形］
das **Gegenteil**［逆］, im Gegenteil［逆に］

- die **Garnitur** [用具のセット]
    garstig [不快な]
- der **Garten** [庭], Gärten [複数形]
- der **Gärtner** [庭師]
- das **Gas** [ガス], gasförmig [ガス状の]
- der **Gasometer** [ガスタンク]
- die **Gasse** [路地], das Gäßchen [小路]
- der **Gast** [客], Gäste [複数形]
- das **Gasthaus** [(レストランを兼ねた) 宿屋]
- das **Gastmahl** [宴会]
- der **Gastwirt** [宿屋の主人]
- der **Gatte** [夫]：Mann [夫]；Gattin [妻]
- die **Gattie** [ズボン下] = Unterhose [ズボン下]
- die **Gattung** [ジャンル]
- der **Gaul** [駄馬], Gäule [複数形]
- der **Gaumen** [口蓋]
- der **Gauner** [ペテン師], die Gaunerei [ペテン]
- das **Gebäck** [焼き菓子]：Bäckerei [焼き菓子]
    gebären [子どもを産む], gebar [過去基本形], geboren [過去分詞], sie gebiert [彼女は産む]
- das **Gebäude** [建物]
    geben [与える], gab [過去基本形], gegeben [過去分詞], du gibst [君は与える], gibt [現在人称変化 (3人称単数)], gib her! [こっちへよこせ！]
- das **Gebet** [祈り]
- das **Gebiet** [地域]
- das **Gebirge** [山地], gebirgig [山地の]
- das **Gebiß** [歯], Gebisse [複数形]
- das **Gebot** [掟]
- der **Gebrauch** [使用], gebrauchen [使用する]
- die **Gebühr** [料金], gebühren [ふさわしい]

者など]
der **Fusel**［粗悪なシュナップス］：Schnaps［シュナップス］
das **Futter**［えさ］, **füttern**［えさをやる］
das **Futteral**［(眼鏡・楽器などの) ケース］

G.

die **Gabe**［贈り物］
die **Gabel**［フォーク］, **gabeln**［フォークで刺す］
　　gackern［(ニワトリなどが) コッコと鳴く］
　　gähnen［あくびをする］
die **Gala**［盛装］
die **Galerie**［ギャラリー］
der **Galgen**［絞首台］
die **Galle**［胆汁］
der **Galopp**［ギャロップ］, **galopp**i**eren**［ギャロップで走る］
die **Galosche**［ガロシュ］
die **Gamasche**［ゲートル］
der **Gang**［歩くこと、通路］, Gänge［複数形］
　　gängeln［思い通りにあやつる］
die **Gans**［ガチョウ］, Gänse［複数形］, der Gänserich［雄のガチョウ］
　　ganz［全体の、完全に］, **gänzlich**［完全な、完全に］
　　gar［まったく］, gar nicht［まったく…ない］
die **Garage**［ガレージ］
die **Garantie**［保証］, **garantieren**［保証する］
der **Garaus**［完全な終わり］, den Garaus machen［とどめを刺す］
die **Garbe**［穀物の束］
die **Garderobe**［クローク］
　　gären［発酵する］, gärte［過去基本形］, gegoren oder gegärt［gegoren またはgegärt：過去分詞］, die **G**ärung［発酵］
das **Garn**［糸］
　　garnieren［飾る］

fuchtig［激怒した］
das **Fuder**［フーダー（容量の単位）］: ein Fuder Holz［1 フーダーの材木］
die **Fuge**［継ぎ目］
　　fügen［継ぎ合わせる］
　　fühlen［感じる］, das **Gefühl**［感覚、感情］
der **Fühler**［触角］
die **Fuhre**［車 1 台分の積み荷］, das **Fuhrwerk**［荷車］
　　führen［導く］, der **Führer**［指導者］
die **Fülle**［豊かさ、詰め物］: **Füllung**［詰め物］
　　füllen［満たす］: **vollfüllen**［いっぱいに満たす］
das **Füllen**［子馬］: Pferd［馬］
der **Fund**［発見、発見物］
das **Fundament**［基礎］
　　fünf［5］, die Fünf［数字の5］= der Fünfer［数字の5］; fünfmal［五回］, fünfte［五番目の］
　　fünfzehn［15］, **fünfzig**［50］
der **Funke**［火花］, **funkeln**［きらきら光る］
　　funktionieren［機能する］
　　für［…のために］, **fürs**［…のために：前置詞と定冠詞の融合形］= für das
die **Furche**［畝（うね）］
die **Furcht**［恐怖］, **fürchten**［恐れる］, furchtbar［恐ろしい］, fürchterlich［恐るべき］, furchtsam［こわがりな］
das **Furnier**［化粧板］
die **Fürsorge**［世話］
der **Fürst**［侯爵］, **fürstlich**［侯爵の］
die **Furt**［浅瀬］
der **Furunkel**［フルンケル、癤（せつ）］
das **Fürwort**［代名詞］
der **Fuß**［足］, Füße［複数形］, Fußboden, Fußgänger usw.［床、歩行

der **Freund** [友だち], die **Freundin** [友だち（女）], -**innen** [友だち（女）：複数形], die **Freundschaft** [友情]
    freundlich [親切な]
der **Frevel** [冒瀆], **freveln** [冒瀆する]
der **Friede** [平和], **friedlich** [平和な]
der **Friedhof** [墓地], **Friedhöfe** [複数形]
    Friedrich [フリードリヒ]
    frieren [凍える], **fror** [過去基本形], **gefroren** [過去分詞]
    frisch [新鮮な]
der **Friseur** [理容師、美容師] = **Haarschneider** [理髪師]
    frisieren [髪をセットする], die **Frisur** [髪型]
die **Frist** [期間]
    Fritz [フリッツ]
    froh [楽しい]
    fröhlich [陽気な], die **Fröhlichkeit** [陽気なこと]
    fromm [敬虔な], die **Frömmigkeit** [敬虔]
der **Fronleichnam** [聖体の祝日]
die **Front** [正面]
der **Frosch** [カエル], **Frösche** [複数形]
der **Frost** [寒さ], **frostig** [凍りつくような], **frösteln** [寒気がする]
    frotzeln [からかう], die **Frotzelei** [からかうこと]
die **Frucht** [果実], **Früchte** [複数形]
    fruchtbar [実り豊かな], die **Fruchtbarkeit** [実り豊かなこと]
    früh [早い], **früher** [比較級], **frühestens** [早くとも], die **Frühe** [早朝], **in der Früh** [朝に]
das **Frühjahr** [春]
der **Frühling** [春]
das **Frühstück** [朝食], **frühstücken** [朝食を食べる]
    frühzeitig [早期の]
der **Fuchs** [キツネ], **Füchse** [複数形]
    fuchteln [振り回す]

der **Fortschritt** [進歩]
   fortsetzen [続ける], die Fortsetzung [継続]
   fortwährend [持続的な]
die **Fracht** [貨物], Frachtbrief [(貨物の) 運送状]
der **Frack** [燕尾服], Fräcke [複数形]
die **Frage** [質問], **fragen** [質問する], fragte [過去基本形]
die **Fraisen** [ひきつけ]
der **Frank** [フラン]：Münze [硬貨]
   frankieren [切手を貼る]
   Frankreich [フランス]
die **Franse** [房], fransen [房をつける]
   Franz [フランツ], **Franziska** [フランツィスカ]
der **Franzose** [フランス人], französisch [フランスの]
der **Fraß** [えさ]
der **Fratz** [わんぱく坊主]
die **Frau** [女性、妻], das **Fräulein** [(未婚の) 若い女性]
   frech [生意気な], die **Frechheit** [生意気なこと]
   frei [自由な], die **Freiheit** [自由], im Freien [野外で]
   freigebig [気前がよい], die **Freigebigkeit** [気前がよいこと]
das **Freihandzeichnen** [フリーハンドで描くこと]
   freilich [もちろん]
der **Freitag** [金曜日]
   freiwillig [自発的な]
   fremd [よその、外国の], die **Fremde** [よその土地、外国]
das **Fremdwort** [外来語], ∼wörter [複数形]
das **Fressen** [えさ], **fressen** [えさを食べる、がつがつ食べる], fraß [過去基本形], gefressen [過去分詞], du frißt [君はがつがつ食べる], friß! [食え！：命令形] der Fraß [えさ]
   fretten [食いつなぐ], das Gefrett [怒り、心労]
die **Freude** [喜び], **freudig** [うれしい]
   freuen [喜ばせる]

flott [軽快な]

der **Fluch** [呪い], **Flüche** [複数形], **fluchen** [呪う]

die **Flucht** [逃亡], **flüchten** [逃げる]

flüchtig [すばやい], die **Flüchtigkeit** [揮発性]

der **Flug** [飛行], **Flüge** [複数形], **Flugzeug** [飛行機]

der **Flügel** [翼]

flügge [(ひなが) 飛べるようになった]

flugs [すばやく]

die **Flur** [廊下]

der **Fluß** [川], des **Flusses** [川の：単数2格], **Flüsse** [複数形]

flüssig [液体の], die **Flüssigkeit** [液体]

flüstern [ささやく]

die **Flut** [潮], **fluten** [あふれる]

das **Fohlen** [子馬]

die **Föhre** [松]

die **Folge** [結果、順番], **folgen** [従う]

folgendermaßen [次のように]

folgsam [従順な], die **Folgsamkeit** [従順]

die **Folter** [拷問], **foltern** [拷問にかける]

foppen [からかう]

fordern [要求する] = **verlangen** [求める]

fördern [支援する], **befördern** [輸送する]

die **Forelle** [マス]

die **Form** [形], **formen** [形づくる]

die **Formel** [公式]

förmlich [形式どおりの]

forschen [研究する], der **Forscher** [研究者]

der **Forst** [山林], **forsten** [山林を管理する]

der **Förster** [林務官]

fort [先へ、立ち去って], **sofort** [ただちに]

fortpflanzen [繁殖させる]

der **Fleck** [しみ], **fleckig** [しみのある]
der **Flecken**, Marktflecken [市場をもつ町]
die **Fledermaus** [コウモリ], ⸗mäuse [複数形]
der **Flegel** [不作法な若者], die **Flegelei** [不作法な言動], **flegelhaft** [不作法な]
　flehen [懇願する]
der **Fleiß** [勤勉], **fleißig** [勤勉な]
das **Fleisch** [肉], **fleischig** [肉づきのよい]
der **Fleischer** [肉屋] = Fleischhauer [肉屋]
　flennen [泣きわめく]
　fletschen [(犬などが) 歯をむき出す]
　flicken [繕(つくろ)う], die **Flickerei** [修繕]
der **Flieder** [ニワトコ]
die **Fliege** [ハエ]
　fliegen [飛ぶ], **flog** [過去基本形], **geflogen** [過去分詞], der **Flieger** [パイロット]
　fliehen [逃げる], **floh** [過去基本形], **geflohen** [過去分詞], du **flieh**st [君は逃げる], **flieht** [現在人称変化 (3人称単数・2人称複数)]
　fließen [流れる], **floß** [過去基本形], **geflossen** [過去分詞]
das **Fließpapier** [吸い取り紙]
　flimmern [ちらちら輝く]
　flink [すばやい]
die **Flinte** [フリント式の銃]
die **Flocke** [薄片], **flockig** [薄片状の]
der **Floh** [ノミ], **Flöhe** [複数形]
　Florian [フローリアーン]
das **Floß** [筏(いかだ)], **Flöße** [複数形], **flößen** [材木を筏にして流す]
die **Flosse** [ひれ] = Fischflosse [魚のひれ]
die **Flöte** [フルート], **flöten** [フルートを吹く]

小学生のための正書法辞典 [F] 55

  Finder [発見者]
  findig [目ざとい]
der **Finger** [指]
der **Fink** [アトリ（鳥）]
  finster [真っ暗な], die Finsternis [暗闇], ∠nisse [複数形]
die **Firma** [会社], Firmen [複数形], das Firmenschild [商店の看板]
  firmen [堅信を授ける], die **Firmung** [堅信]
der **Firn** [万年雪]
der **Firnis** [ニス], des Firnisses [ニスの：単数2格], firnissen [ニスをぬる]
der **First** [(屋根の) 棟] = **Dachfirst** [屋根の棟]
der **Fisch** [魚], **fischen** [魚をとる], der Fischer [漁師]
die **Fisole** [インゲンマメ]
  fix [固定した、すばやい], fix und fertig [すっかり準備が整った]
  fixieren [固定する]
der **Fixstern** [恒星]
  flach [平らな], die **Fläche** [平面]
der **Flachs** [亜麻]
  flackern [揺らぐ]
der **Fladen** [パンケーキ]
die **Flagge** [旗], beflaggen [旗を掲げる]
die **Flamme** [炎], flammen [燃え上がる]
der **Flanell** [フランネル]
die **Flasche** [瓶 (びん)]
  flattern [ひらひら飛ぶ]
  flau [弱々しい]
der **Flaum** [綿毛], **flaumig** [綿毛の生えた], Flaumfeder [綿羽]
die **Flechse** [動物の腱]：Sehne [腱]
die **Flechte** [地衣類]
  flechten [編む], flocht [過去基本形], geflochten [過去分詞], du flichtst [君は編む], flicht [現在人称変化（3人称単数）]

der **Ferialtag** [休日]
die **Ferien** [休暇]
das **Ferkel** [子豚]
 fern [遠い], die **Ferne** [遠方], **ferner** [さらになお]
die **Ferse** [かかと]
 fertig [できあがった], **verfertigen** [製作する]
die **Fertigkeit** [巧みさ]
 fesch [スマートな、かっこよい]
 fesseln [鎖につなぐ], die **Fessel** [鎖]
 fest [固い], die **Festigkeit** [固さ]
das **Fest** [祭り], **Festtag** [祭日]
die **Festung** [砦]
das **Fett** [脂肪], **fett** [油っこい], **einfetten** [油脂を塗る]
der **Fetzen** [切れ端], **fetzen** [引き裂く]
 feucht [湿った], die **Feuchtigkeit** [湿気]
das **Feuer** [火], **feurig** [火のような], **Feuersbrunst** [大火事], **Feuerwehr** [消防隊]
der **Fiaker** [2頭立ての辻馬車]
die **Fibel** [入門書]
die **Fichte** [トウヒ]
 fidel [陽気な] = **lustig** [愉快な]
das **Fieber** [熱], **fiebern** [熱を出す]
die **Fiedel** [バイオリン] = **Geige** [バイオリン]; **fiedeln** [(下手くそな) バイオリンを弾く]
die **Figur** [姿かたち]
die **Filiale** [支店]
der **Film** [映画], **filmen** [映画を撮る]
der **Filter** [フィルター], **filtrieren** [濾す]
der **Filz** [フェルト], **filzig** [フェルトの]
die **Finanz** [金融], **Finanzwache** [税関]
 finden [見つける], **fand** [過去基本形], **gefunden** [過去分詞], der

faulenzen［怠ける］, der **Faulenzer**［怠け者］
die **Faust**［にぎりこぶし］, **Fäuste**［複数形］
der **Fäustling**［二股の手袋］
der **Fauteuil**［ひじ掛けつきの安楽椅子］＝ **Lehnstuhl**［アームチェア］
die **Faxe**［(ふざけた) しかめ面］, **Faxen machen**［おどける］
der **Februar**, der **Feber**［2月］
　fechsen［刈り入れる］, die **Fechsung**［刈り入れ］
　fechten［フェンシングをする］, **focht**［過去基本形］, **gefochten**［過去分詞］, du **fichtst**［君はフェンシングをする］, er **ficht**［彼はフェンシングをする］, der **Fechter**［フェンシングの選手］
die **Feder**［羽毛］
die **Fee**［妖精］
　fegen［掃く］, der **Feger**［ほうき］
　fehlen［失敗する, 欠けている］
der **Fehler**［まちがい］
die **Feier**［祝祭］, **feiern**［祝う］, **Feierabend**［終業］; **Feiertag**［祝日］
　feig［臆病な］, die **Feigheit**［臆病］, der **Feigling**[臆病者］
die **Feile**［やすり］, **feilen**［やすりをかける］
　fein［細かい］, die **Feinheit**［繊細さ］
der **Feind**［敵］, die **Feindin**［敵 (女)］, ₋**innen**［敵 (女)：複数形］, **feindlich**［敵意のある］, die **Feindschaft**［敵意］
das **Feld**［野原］
der **Feldherr**［総司令官］
der **Feldspat**［長石］
die **Felge**［車輪のリム］
　Felix［フェーリクス］
das **Fell**［毛皮］
der **Fels**, der **Felsen**［岩］, **felsig**［岩の］
das **Fenster**［窓］
　Ferdinand［フェルディナント］

fallen [落ちる], **fiel** [過去基本形], **gefallen** [過去分詞], du **fällst** [君は落ちる], **fällt** [現在人称変化 (3人称単数)]

fällen [切り倒す] = **umschlagen** [切り倒す]; **fällte** [過去基本形], **gefällt** [過去分詞]

fällig [満期の]

falls […の場合には]

der **Falott** [いかさま師]

falsch [にせの], die **Falschheit** [偽り]

fälschen [偽造する]

die **Falte** [折り目], **falten** [折る], **faltig** [折り目のある]

der **Falter** [チョウ、ガ]

der **Falz** [折り目], **falzen** [(紙を) 折りたたむ]

die **Familie** [家族], **familiär** [親しい]

der **Fang** [捕獲], **Fänge** [複数形]

fangen [捕まえる], **fing** [過去基本形], **gefangen** [過去分詞], du **fängst** [君は捕まえる], **fängt** [現在人称変化 (3人称単数)]

die **Farbe** [色], **färben** [染める], **farbig** [色のついた]

die **Farm** [農場], der **Farmer** [農場主]

das **Farnkraut** [シダ植物]

das **Faß** [樽], **Fässer** [複数形]

der **Fasching** [カーニバル]

faseln [むだ話をする]

die **Faser** [繊維], **faserig** [繊維質の]

fassen [つかむ], **faßte** [過去基本形], **gefaßt** [過去分詞], du **faßt** [君はつかむ]

die **Fassung** [フレーム、版]

fast [ほとんど] = **beinahe** [ほとんど]

die **Fasten** [四旬節], **fasten** [断食する], **Fasttag** [断食日]

fauchen [(動物が) うなる]

faul [怠惰な] = **träg** [怠惰な], die **Faulheit** [怠惰]

faul [腐った] = **verfault** [腐った], die **Fäulnis** [腐敗]

die **Expedition** [発送]：Beförderung [運送]
das **Experiment** [実験] = Versuch [実験]
    explizieren [説明する]
    explodieren [爆発する], die Explosion [爆発]
    expreß [急いで], Expreßbrief [速達]
    extra [特別に]

F.

die **Fabel** [寓話], fabelhaft [すばらしい]
die **Fabrik** [工場], der Fabrikant [工場主], die Fabrikation [製造]
    fabrizieren [製造する]
das **Fach** [専門], Fächer [複数形]
    fächeln [あおぐ], der **Fächer** [扇]
    fachen, anfachen [火をおこす]
die **Fackel** [たいまつ], Fackelzug [たいまつ行列]
    fad [退屈な]
    fädeln, einfädeln [針に糸を通す]
der **Faden** [糸], Fäden [複数形]
    fähig [能力のある], die **Fähigkeit** [能力]
die **Fahne** [旗]
    fahren [(乗り物で) 行く], fuhr [過去基本形], gefahren [過去分詞], du fährst [君は行く], er fährt [彼は行く], die Fuhr [荷車、運送]
der **Fahrplan** [時刻表], Fahrpläne [複数形]
das **Fahrrad** [自転車], Fahrräder [複数形]
die **Fahrt** [走行]
    faktisch [事実の]
der **Faktor** [要因]
der **Falke** [タカ]
der **Fall** [落下], Fälle [複数形]
die **Falle** (Mausefalle) [罠（ネズミ捕り器）]

erziehen [教育する], ∼zog [過去基本形], ∼zogen [過去分詞], die Erziehung [教育]

es [それは、それを：人称代名詞（3人称・中性・単数の1格、4格）], es ist gut [それはよい]

der **Esel** [ロバ]

die **Esse** [炉] = Feuerherd [炉]

das **Essen** [食事], **essen** [食べる], aß [過去基本形], gegessen [過去分詞], du ißt [君は食べる], iß! [食べろ！：命令形], **eßbar** [食べられる]

die **Essenz** [本質]

der **Essig** [酢]

die **Etagere** [置き棚] = Stelle [しかるべき場所]

etliche [二、三の], etliche Male [二、三回]

etwas [なにかあるもの、いくらか]

euch [君たちに、君たちを：ihrの3格、4格], in Briefen groß zu schreiben [手紙の中では大文字書き]

euer [君たちの：所有冠詞（2人称複数）], **eure** [君たちの], eures [君たちの], eurem [君たちの], euren [君たちの], **euretwegen** [君たちのために], **eurige** [君たちのもの]

die **Eule** [フクロウ]

Europa [ヨーロッパ], der **Europäer** [ヨーロッパ人], europäisch [ヨーロッパの]

das **Euter** [(牛やヤギの) 乳房]

Eva [イブ、エーファ]

evangelisch [福音の], das **Evangelium** [福音書]

eventuell [起こりうる]

ewig [永遠の], die **Ewigkeit** [永遠]

das **Exemplar** [サンプル]

exerzieren [(兵士を) 訓練する]

existieren [存在する], die **Existenz** [存在]

expedieren [発送する]

小学生のための正書法辞典　[E]　49

der **Ernst** [真剣さ], **ernst** [真剣な], **ernstlich** [重大な]
　　Ernst (Name) [エルンスト (名前)]
die **Ernte** [収穫], **ernten** [収穫する]
　　erobern [征服する], die **Eroberung** [征服]
　　erquicken [元気づける]
　　erraten [言い当てる]
　　erreichen [届く]
der **Ersatz** [代用], **ersetzen** [代用する]
　　erscheinen [現れる], ~**schien** [過去基本形], ~**schienen** [過去分詞]
　　erschrecken (vor etwas) [驚く (あるものに)], **erschrak** [過去基本形], **erschrocken** [過去分詞], du **erschrickst** [君は驚く], er **erschrickt** [彼は驚く]; **jemanden erschrecken** [ある人を驚かす], **erschreckte** [過去基本形], **erschreckt** [過去分詞], du **erschreckst mich** [君は私を驚かす]
　　ersetzen [代用する], ~**setzte** [過去基本形], ~**setzt** [過去分詞]
　　erst [はじめに]
　　erste [第一の], **erstens** [第一に]
　　ersticken [窒息する]
　　erträglich [耐えられる]
das **Erträgnis** [収穫高], ~**nisse** [複数形]
　　ertränken [溺死させる], ~**tränkte** [過去基本形], ~**tränkt** [過去分詞]
　　ertrinken [溺死する], ~**trank** [過去基本形], ~**trunken** [過去分詞]
　　erwähnen [言及する]
　　erwarten [期待する], die **Erwartung** [期待]
　　erwerben [獲得する], ~**warb** [過去基本形], ~**worben** [過去分詞]
　　erwidern [答える]
　　erwischen [捕まえる]
das **Erz** [鉱石]
　　erzählen [物語る], die **Erzählung** [物語]
　　erzeugen [生産する], die **Erzeugung** [生産]

er [彼は]
erbarmen [同情心を起こさせる], erbärmlich [哀れな]
der Erbe [相続人], erben [相続する]
erblicken [見つける]
erbrechen [こじ開ける、吐く], ≠brach [過去基本形], ≠brochen [過去分詞]
die Erbse [エンドウ]
der Erdapfel [ジャガイモ], Erdäpfel [複数形]
die Erde [大地], Erdachse [地軸]
das Erdbeben [地震]
die Erdbeere [イチゴ]
ereignen [起こる], das Ereignis [出来事], ≠nisse [複数形]
erfahren [経験する], die Erfahrung [経験]
erfinden [発明する], ≠fand [過去基本形], ≠funden [過去分詞], der Erfinder [発明者], die Erfindung [発明]
der Erfolg [成果]
ergänzen [補う], die Ergänzung [補足]
erhalten [受け取る], ≠hielt [過去基本形], ≠halten [過去分詞]
erhitzen [熱する], ≠hitzte [過去基本形], ≠hitzt [過去分詞]
erholen [回復する], die Erholung [休養]
erinnern [思い出させる], die Erinnerung [記憶]
erkennen [認識する], ≠kannte [過去基本形], ≠kannt [過去分詞]
erklären [説明する], die Erklärung [説明]
der Erlagschein [郵便為替]
erlauben [許可する], die Erlaubnis [許可]
erleben [体験する], das Erlebnis [体験], ≠nisse [複数形]
die Erle [ハンノキ]
erlöschen [(火・明かりが) 消える], ≠losch [過去基本形], ≠loschen [過去分詞], es erlischt [消える]
erlösen [救い出す], die Erlösung [救済]
ermahnen [勧告する], die Ermahnung [勧告]

der **Enkel** [孫], die Enkelin [孫娘], ⸗**innen** [孫娘：複数形]
 enorm [巨大な]
 entbehren [欠く], die Entbehrung [欠乏]
 entblößen [露出する]
 entdecken [発見する], der Entdecker [発見者], die Entdeckung [発見]
die **Ente** [カモ], der Enterich [雄のカモ]
 entfernen [遠ざける], die Entfernung [距離]
 entgegen […に向かって、…に反して]
der **Entgelt** [代償], entgelten [代償を払う]
 entgleisen [脱線する], die Entgleisung [脱線]
 entlang […に沿って]
 entlassen [去らせる], die Entlassung [釈放、解雇]
 entlegen [へんぴな]
 entrüsten [怒らせる], die Entrüstung [憤慨]
 entschieden [決定的な]
 entschließen [決心する], ⸗**schlossen** [決心した：過去分詞]
der **Entschluß** [決心]
 entschuldigen [許す], die Entschuldigung [許し]
 entsetzen [ぞっとさせる], entsetzt [ぎょっとした]
 entsetzlich [恐ろしい]
 entstehen [生じる], ⸗**stand** [過去基本形], ⸗**standen** [過去分詞], die Entstehung [発生]
 entstellen [ゆがめる], entstellt [ゆがめられた]
 enttäuschen [失望させる], die Enttäuschung [失望]
 entweder [どちらか一方]
 entwickeln [発展させる], die Entwick(e)lung [発展]
 entzücken [うっとりさせる], entzückend [魅力的な]
 entzünden [燃やす], die Entzündung [炎症]
 entzwei [二つに割れた]
der **Enzian** [リンドウ]

Ella [エラ]

der Ellbogen [ひじ]

die Elle [エレ（長さの尺度）]

die Ellipse [楕円], elliptisch [楕円の]

Elsa [エルザ]

die Eltern [両親]

das Email [エナメル], Emailgeschirr [エナメル食器], emaillieren [エナメルを塗る]

Emil [エーミール]

Emma [エマ], Emmerich [エメリヒ]

der Empfang [受け取ること], empfangen [受け取る], der Empfänger [受取人]

empfehlen [薦める], empfahl [過去基本形], empfohlen [過去分詞], du empfiehlst [君は薦める], empfiehlt [現在人称変化（3人称単数）], die Empfehlung [推薦]

empfinden [感じる], empfand [過去基本形], empfunden [過去分詞], die Empfindung [感覚]

empfindlich [敏感な]

empor [上の方へ]

empören [怒らせる], empörend [腹立たしい], die Empörung [憤慨]

emsig [勤勉な]

das Ende [終わり], zu Ende [終わりに], enden [終わる], endigen [終わる]

endlich [ようやく]

endlos [終わりのない]

die Energie [エネルギー], energisch [エネルギッシュな]

eng [狭い], die Enge [狭さ]

der Engel [天使]

England [イギリス], der Engländer [イギリス人]

englisch [イギリスの、英語の]

einspannen [(牛や馬を) 車につなぐ]
einsperren [閉じ込める]
einst, einstmals [かつて]
einstecken [差し込む]
einstöckig [2階建ての]
einstweilen [さしあたり]
einträglich [儲けになる]
der **Eintritt** [入ること]
einwärts [内側へ]
der **Einwohner** [住民]
einzeln [個々の], die **Einzelheit** [個々の部分]
einzig [唯一の]
das **Eis** [氷], **eisig** [氷のような], **eiskalt** [氷のように冷たい]
das **Eisen** [鉄], **eisern** [鉄の]
die **Eisenbahn** [鉄道]
eitel [虚栄心の強い], die **Eitelkeit** [虚栄心]
der **Eiter** [膿 (うみ)], **eitern** [化膿する], **eit(e)rig** [化膿した]
das **Eiweiß** [卵の白身]
der **Ekel** [吐き気], **ekeln** [吐き気を催す], **ekelhaft** [吐き気を催すような]
elastisch [弾力性のある], die **Elastizität** [弾力性]
der **Elefant** [象]
elegant [エレガントな]
elektrisch [電気の], **elektris**i**eren** [電流を通す], die **Elektrizität** [電気]
die **Elektrotechnik** [電気工学], der **Elektrotechniker** [電気技術者]
das **Element** [要素]
elend [みじめな], das **Elend** [悲惨]
elf [11], die **Elf** [数字の11] = der **Elfer** [数字の11], **elfte** [11番目の]
Elisabeth [エリーザベト], **Elise** [エリーゼ]

単数2格、中性の単数1・2・4格]

der **Einer**［一桁の数］
    einerlei［一種類の］
    einerseits［一方では］
    einfach［簡単な、素朴な］, die **Einfachheit**［簡単であること］
der **Eingang**［入口］, **Eingänge**［複数形］
die **Eingeweide**［内臓］
    einheimisch［地元の］
    einheizen［ストーブなどをたく］
    einholen［追いつく］
    einig［一致した］
    einige［二、三の］, **einiges**［二、三のもの］, **einigemal**［二、三度］
    einkehren［立ち寄る］
das **Einkommen**［収入］
    einladen［招待する］, die **Einladung**［招待］
    einmal［一回］, **einmalig**［一回かぎりの］
das **Einmaleins**［(掛け算の) 九九］
    einmengen［混ぜる］
die **Einöde**［荒涼とした土地］
    einpferchen［(動物を) 柵に入れる］
    einpökeln［塩漬けにする］
    einpuppen［さなぎになる］
    einquartieren［宿泊させる］, die **Einquartierung**［宿営］
    einrücken［進駐する］
    eins［1］, die **Eins**［数字の1］＝ der **Einser**［数字の1］
    einsam［孤独な］, die **Einsamkeit**［孤独］
die **Einschicht**［荒涼とした土地］, **einschichtig**［へんぴな］
    einschränken［制限する］
    einsegnen［堅信礼を施す］, die **Einsegnung**［堅信礼］
    einseitig［一面的な］, die **Einseitigkeit**［一面性］
der **Einsiedler**［隠者］, die **Einsiedelei**［隠者の住居］

die **Eichel**［ドングリ］

das **Eichhörnchen**, **Eichkätzchen**［リス］

der **Eid**［宣誓］

die **Eidechse**［トカゲ］

der **Eifer**［熱意］, **eifrig**［熱心な］

die **Eifersucht**［嫉妬］, **eifersüchtig**［嫉妬深い］

 eigen［自分自身の］, die **Eigenheit**［独自性］

 eigenartig［独特の］

der **Eigenname**［固有名詞］

der **Eigennutz**［利己心］, **eigennützig**［利己的な］

 eigens［特別に］

die **Eigenschaft**［特性］, **Eigenschaftswort**［形容詞］

der **Eigensinn**［頑固］, **eigensinnig**［頑固な］

 eigentlich［本来は］

das **Eigentum**［所有物］, ‑**tümer**［複数形］

 eigentümlich［特有の］

 eignen［…に特有である］, sich **eignen**［適している］

die **Eile**［急ぐこと］, **eilen**［急いで行く］, **eilig**［急ぎの］, **eilends**［急いで］

das **Eilgut**［急行便貨物］, **Eilgüter**［複数形］

der **Eimer**［バケツ］

 ein［不定冠詞：男性の単数1格、中性の単数1・4格］, **einer**［不定冠詞：女性の単数2・3格］, **eine**［不定冠詞：女性の単数1・4格］, **eines**［不定冠詞：男性・中性の単数2格］

 einander［互いに］

 einbilden［思い込む］, die **Einbildung**［想像］

 einbrechen［侵入する］, der **Einbrecher**［侵入者］

der **Einbruch**［侵入］, **Einbrüche**［複数形］

der **Eindruck**［印象］, **Eindrücke**［複数形］

 einer［不定代名詞：男性の単数1格、女性の単数2・3格］, **eine**［不定代名詞：女性の単数1・4格］, **eines**［不定代名詞：男性の

die **Dynamomaschine**［ダイナモ］

E.

eben［平らな、ちょうど今、まさしく］
die **Ebene**［平地］, **ebnen**［平らにする］
ebenfalls［同じく］
ebenso［同じように］
das **Echo**［こだま］
echt［本物の］, die **Echtheit**［真正さ］
das **Eck**［角］
die **Ecke**［角］, **eckig**［角ばった］, **Eckzahn**［犬歯］
edel［高貴な］
der **Edelmut**［高潔さ］, **edelmütig**［高潔な］
das **Edelweiß**［エーデルワイス］
Eduard［エードゥアルト］
der **Efeu**［キヅタ］
egal［どうでもよい］= **gleichgültig**［どうでもよい］
die **Egge**［まぐわ］：**Ackergerät**［農機具］
eggen［まぐわで耕す］, **geeggt**［まぐわで耕した］
die **Ehe**［結婚］
ehe［…する前に］= **bevor**［…する前に］; **ehemals**［かつて］
eher［より早く（bald「まもなく」の比較級）、むしろ］, **ehestens**［できるだけ早く］
die **Ehre**［名誉］, **ehren**［尊敬する］
ehrerbietig［うやうやしい］
die **Ehrfurcht**［畏敬］, **ehrfürchtig**［うやうやしい］
der **Ehrgeiz**［功名心］, **ehrgeizig**［功名心の強い］
ehrlich［誠実な］, die **Ehrlichkeit**［誠実さ］
das **Ei**［卵］, die **Eier**［複数形］
die **Eiche**［オーク］, **eichen**［オークの］= **aus Eichenholz**［オーク製の］

die **Drüse**［腺］
- **du**［君は］, in Briefen groß zu schreiben［手紙の中では大文字書き］
- **ducken**［体をかがめる］
- **dudeln**［単調な演奏をする］

der **Duft**［香り］, **duften**［いい香りがする］, **duftig**［香りのある］
- **dulden**［耐え忍ぶ］
- **dumm**［愚かな］, **dümmer**［比較級］, am **dümmsten**［最上級］, die **Dummheit**［愚かさ］
- **dumpf**［にぶい］
- **düngen**［肥料をやる］, der **Dünger**［肥料］
- **dunkel**［暗い］, die **Dunkelheit**［暗闇］
- **dünn**［薄い］

der **Dunst**［もや］, **dunsten**［湯気を出す］
- **durch**［…を通って］, **durchaus**［まったく］
- **durcheinander**［入り乱れて］, ein **Durcheinander**［混乱］

der **Durchmesser**［直径］
- **durchs**［…を通って：前置詞と定冠詞の融合形］= durch das

der **Durchschnitt**［平均］, **durchschnittlich**［平均の］
- **durchsichtig**［透明な］
- **dürfen**［…してよい］, durfte［過去基本形］, darf［現在人称変化（1人称、3人称単数）］, darfst［現在人称変化（2人称単数）］
- **dürftig**［みすぼらしい］
- **dürr**［乾燥した］, die **Dürre**［干魃（かんばつ）］

der **Durst**［のどの渇き］, **dürsten**［のどが渇く］, **durstig**［のどの渇いた］

die **Dusche** (Bad)［シャワー（浴室）］, **abduschen**［シャワーを浴びる］
- **düster**［薄暗い］

das **Dutzend**［ダース］, **dutzendweise**［ダースで］

das **Dynamit**［ダイナマイト］

drehen [回す], **drehte** [過去基本形], **gedreht** [過去分詞], du **drehst** [君は回す], **dreht** [現在人称変化（3人称単数・2人称複数）], die **Drehung** [回転]

drei [3], die **Drei** [数字の3] ＝ der **Dreier** [数字の3], **dreimal** [三回], **dreißig** [30], **dreizehn** [13]

das **Dreieck** [三角形], **dreieckig** [三角形の]

dreißig [30]

dreiviertel [4分の3], die **Dreiviertelstunde** [45分]

dreizehn [13]

dreschen [脱穀する], **drosch** [過去基本形], **gedroschen** [過去分詞], du **drischst** [君は脱穀する], er **drischt** [彼は脱穀する], der **Drescher** [脱穀機]

der **Dreschflegel** [（脱穀用の）殻ざお]

dressieren [調教する], die **Dressur** [調教]

drillen [訓練する]

drin [その中に], **drinnen** [屋内に]

dringen [突き進む], **drang** [過去基本形], **gedrungen** [過去分詞]

dringend [緊急の]

drinnen [屋内に]

dritte [三番目の], **drittens** [三番目に]

das **Drittel** [3分の1]

droben [上のほうに]

drohen [脅す], **drohte** [過去基本形], **gedroht** [過去分詞]

die **Drohung** [脅し]

die **Drossel** [ツグミ]

drosseln (absperren) [弁を絞る（閉める）]

drüben [あちら側に], **drüber** [その上方に]

der **Druck** [圧力], **drucken** (Buch) [印刷する（本）], **drücken** [押す], der **Drucker** [印刷工], die **Druckerei** [印刷所]

drum, **darum** [その周りに]

drunten [あそこの下に], **drunter** [その下に]

え]
der **Docht** [(ろうそくなどの) 芯]
die **Dogge** [短毛の大型犬]
der **Doktor** [博士], Doktoren [複数形]
das **Dokument** [ドキュメント]
der **Dolch** [短剣]
der **Dollar** [ドル]
der **Dolmetsch** [通訳]
der **Dom** [ドーム]
das **Domino** [ドミノ]
die **Donau** [ドナウ川]
der **Donner** [雷], donnern [雷が鳴る]
der **Donnerstag** [木曜日]
 doppeln [靴底を張り替える], **doppelt** [二重の], der **D**oppler [張り替えた靴底]
das **Dorf** [村], Dörfer [複数形], das Dörfchen [小さな村]
der **Dorn** [とげ], **dornig** [とげのある]
 dörren [乾燥させる]
 dort, **dorten** [あそこに], **dorthin** [あそこへ]
die **Dose** [(ふたのついた) 容器]
der **Dotter** [黄身], **d**ottergelb [卵黄色の]
der **Drache** (Ungeheuer) [ドラゴン (怪物)]
der **Drachen** [凧 (たこ)] = Papierdrachen [(紙の) 凧]
der **Draht** [針金、電線], **drahten** [電報を打つ]
 dran [そこに] = daran [そこに]
 drängen [押しやる], **drängte** [過去基本形], **gedrängt** [過去分詞]
 drauf [その上に] = darauf [その上に]
 draußen [外で]
 drechseln [旋盤で加工する], der **Drechsler** [旋盤工]
der **Dreck** [汚物], **dreckig** [汚れた]
die **Drehbank** [旋盤]

die **Diele**［床板］
　dienen［仕える］, der **Diener**［召使い（男）］, die **Dienerin**［召使い（女）］, **~innen**［召使い（女）：複数形］
der **Dienst**［勤務］, der **Dienstbote**［使用人］
der **Dienstag**［火曜日］
　dies［指示代名詞：中性の単数1・4格］, dies und das［あれこれ］
　dieselbe［同一の］
　dieser［指示代名詞：男性の単数1格、女性の単数2・3格、複数の2格］, **diese**［指示代名詞：女性の単数1・4格、複数の1・4格］, **dieses**［指示代名詞：中性の単数1・4格］
　diesmal［今度は］
　diesseits［こちら側に］
das **Diktat**［口述］, **diktieren**［口述筆記させる］
das **Ding**［もの］
　dingen［（殺し屋などを）雇う］, gedungen［金で雇われた］
die **Diphtherie**［ジフテリア］, die **Diphtheritis**［ジフテリア］
das **Diplom**［ディプロム］
　dir［君に：duの3格］, in Briefen: **Dir**［手紙の中では：Dir］
　direkt［まっすぐな］
die **Direktion**［運営］, der **Direktor**［所長］
der **Dirigent**［指揮者］, **dirigieren**［指揮する］= leiten［指揮する］
die **Dirne**［娼婦］
　diskurrieren (sprechen)［話し合う（話す）］
　disputieren［議論する］= streiten［論争する］
die **Distanz**［距離］
die **Distel**［アザミ］
die **Disziplin**［規律］
　dividieren［割る］, die **Division**［割り算］, der **Dividend**［分子］, der **Divisor**［分母］
der **Diwan**［寝椅子］
　doch［けれども、やはり、（否定疑問文に対する肯定の返事）いい

die **Desinfektion**［消毒］, **desinfizieren**［消毒する］
 desperat［絶望的な］
 dessen［指示代名詞、関係代名詞：男性・中性の単数2格］
die **Destillation**［蒸留］, **destillieren**［蒸留する］
 desto［それだけいっそう］, desto besser［いっそうよい］
 deswegen［それゆえに］
 deuten［解釈する］
 deutlich［はっきりした］, die **Deutlichkeit**［明瞭さ］
 deutsch［ドイツの］, der **Deutsche**［ドイツ人］, **Deutschland**［ドイツ］, **deutschnational**［ドイツ国民の］
der **Dezember**［12月］
 Dezi［デシ］＝ ein Zehntel［10分の1］
die **Dezimale**［小数位］, **Dezimalwage**［十分度秤］
der **Dezimeter**［デシメートル］
die **Diagonale**［対角線］
der **Dialekt**［方言］
der **Diamant**［ダイヤモンド］
die **Diarrhöe**［下痢］＝ Durchfall［下痢］
die **Diät**［食事療法］
 dich［君を：duの4格］, in Briefen groß zu schreiben［手紙の中では大文字書き］
 dicht［密集した］, die **Dichte**［密度］
 dichten［詩作する］, der **Dichter**［詩人］
 dick［太い］, die **Dicke**［太さ］
das **Dickicht**［やぶ］
 die［定冠詞：女性の単数1・4格、複数の1・4格］, **der**［定冠詞：男性の単数1格、女性の単数2・3格、複数の2格］, **das**［定冠詞：中性の単数1・4格］
der **Dieb**［泥棒］, **diebisch**［盗癖のある］
der **Diebstahl**［盗み］, **Diebstähle**［複数形］
 diejenige［指示代名詞：女性の単数1・4格］

deinetwegen [君のために]

das **Dekagramm** [デカグラム]

die **Dekoration** [デコレーション], **dekorieren** [飾る]

delikat [おいしい], die **Delikatesse** [おいしい食べ物]

dem [定冠詞：男性・中性の単数3格]

demnächst [まもなく]

der **Demokrat** [民主主義者], die **Demokratie** [民主主義], **demokratisch** [民主主義の]

demolieren [破壊する]

die **Demonstration** [デモ]

die **Demut** [謙虚], **demütig** [謙虚な]

dengeln (Sense) [刃を鍛える（草刈り鎌）]

denken [考える], **dachte** [過去基本形], **gedacht** [過去分詞]

das **Denkmal** [記念碑]

denn (Bindewort) [というのも（接続詞）]; in der Mundart: **weil** [方言では：weil]. Auch in Fragen: **was denn**, wo denn, wer denn usw. [疑問文の中でも使われる：いったい何が、いったいどこに、いったい誰が、など]

das **Depot** [貯蔵所]

der [定冠詞：男性の単数1格、女性の単数2・3格、複数の2格], **des** [定冠詞：男性・中性の単数2格], **dem** [定冠詞：男性・中性の単数3格], **den** [定冠詞：男性の単数4格、複数の3格]

derart [そのように], **derartig** [そのような]

derb [粗野な], die **Derbheit** [粗野]

dergleichen [そのような]

derjenige [ほかならないその]

dermaßen [そのように]

derselbe [同一の], **desselben** [同一の]

des [定冠詞：男性・中性の単数2格], **dessen** [指示代名詞、関係代名詞：男性・中性の単数2格]

deshalb [それゆえに]

danach [その後で、それによると]
daneben [その横に]
der **Dank** [感謝], **danken** [感謝する]
dankbar [感謝している], die **D**ankbarkeit [感謝の気持ち]
dann [それから、そのときに]
daran [そのそばに], **darauf** [その上に], **daraus** [その中から、そのことから]
darin [その中に], **darinnen** [その内部に]
der **Darm** [腸], **Därme** [複数形]
darüber [その上方に]
darum [その周りに]
darunter [その下に]
das (Fürwort) [それ（代名詞）]; in der Mundart: des, oder 's [方言では：des または's], 's Madel [(定冠詞として) その少女]
daß (Bindewort) […ということ（接続詞）]; in der Mundart: daß [方言では：daß], „Schau, daß d' weiter kommst" [とっとと失せろ]
dasselbe [同一の]
das **Datum** [日付]
dauern [続く]
der **Daumen** [手の親指]
davon [そこから], **davor** [その前に]
dazu [そのために]
dazwischen [そのあいだに]
der **Dechant** [首席司祭]
das **Deck** [デッキ] = Schiffsdeck [船のデッキ]
die **Decke** [覆い], **decken** [覆う], **gedeckt** [覆われた、くすんだ]
der **Deckel** [ふた]
dehnen [伸ばす], **dehnbar** [伸縮性のある]
die **Deichsel** [轅（ながえ）]
dein [君の], **deine** [君の], **deinige** [君のもの]

der **Chor** (Gesang) [合唱団（歌）]

das **Chor** (Teil der Kirche) [内陣（教会の一部分）]

der **Choral** [聖歌]

der **Christ** [キリスト教徒], **ch**ristlich [キリスト教の], das **Christentum** [キリスト教], Christabend, Christtag, Christkind usw. [クリスマスイブ、クリスマス、幼児キリストなど]

Christoph [クリストフ]

Christus [キリスト]

das **Coupé** [コンパートメント] = Abteil [車室]

der **Coupon** [クーポン券] = Abschnitt [切り離しできる券]

der **Cousin** [男のいとこ], die **Cousine** [女のいとこ]

D.

da [そこに]

dabei [そのそばに]

das **Dach** [屋根], Dächer [複数形]

der **Dachs** [アナグマ]

der **Dackel** [ダックスフント]

dadurch [そこを通って、それによって]

dafür [そのために]

daheim [家に]

daher [そこから（こちらへ）]

dahier [ここに]

damals [そのころ]

die **Dame** [レディー]

damisch [頭のおかしな]

damit [それをもって、それでもって]

der **Damm** [堤防], Dämme [複数形]

dämmern [薄暗くなる], die **Dämmerung** [夕暮れ、夜明け]

der **Dampf** [蒸気], Dämpfe [複数形], **d**ampfen [蒸気を出す]

der **Dampfer** [蒸気船] = **Dampfschiff** [蒸気船]

bügeln［アイロンをかける］, das **B**ügeleisen［アイロン］
die **Bühne**［舞台］
das **Bukett**［ブーケ］
der **Bund**［結びつき、連合、束］, Bunde und Bünde［Bundeおよび Bünde：複数形］
das **Bündel**［小さな束］
der **Bundesstaat**［連邦国家］
bunt［色とりどりの］
das **Bureau**［オフィス］= Kanzlei［事務所］
die **Burg**［城］
der **Bürger**［市民］, **b**ürgerlich［市民の］
der **Bürgermeister**［市長］
der **Bursch**［若者］
die **Bürste**［ブラシ］, **b**ürsten［ブラシをかける］
der **Burzelbaum**［とんぼ返り］, ‑bäume［複数形］
burzeln［ひっくり返る］
der **Busch**［茂み］, Büsche［複数形］
das **Büschel**［小さな束］
die **Buße**［贖罪］, **büßen**［償う］
die **Butte**［桶］
die **Butter**［バター］, Butterbrot［バターをぬったパン］

C.

Celsius (Thermometer)［セ氏（温度計）］
der **Charakter**［性格］
der **Chauffeur** (sprich: Schoffför)［タクシー・バスなどの運転手（発音：ショフェール）］
die **Chemie**［化学］, **chemisch**［化学の］
China［中国］
der **Chinese**［中国人］, **ch**inesisch［中国の］
die **Cholera**［コレラ］= Brechruhr［コレラ］

die **Brille**［眼鏡］
bringen［持ってくる（いく）］, **brachte**［過去基本形］, gebracht［過去分詞］
bröckeln［ぼろぼろに砕ける］
der **Brocken**［かけら］, **einbrocken**［砕いて入れる］
brodeln［煮えたぎる］
die **Brombeere**［ブラックベリー］
die **Bronze**［ブロンズ］
die **Brosche**［ブローチ］
das **Brösel**［パンくず］, **bröseln**［（パンなどを）小さくちぎる］
das **Brot**［パン］, Brote［複数形］, **brotlos**［仕事のない］
der **Bruch**［破損］, Brüche［複数形］
die **Brücke**［橋］
der **Bruder**［兄弟］, Brüder［複数形］
brühen［熱湯をそそぐ］, brühte［過去基本形］, gebrüht［過去分詞］
brüllen［吠える］
brummen［うなる］
der **Brunnen**［井戸、噴水］
die **Brust**［胸］, Brüste［複数形］
die **Brut**［孵化］, **brüten**［卵を温める］, **brütig**［孵化しかかった］
brutto［税込みで］: mit Verpackung［風袋こみで］
der **Bub**［男の子］
das **Buch**［本］, Bücher［複数形］
die **Buche**［ブナ］
die **Büchse**［缶］
der **Buchstabe**［文字］, **buch**sta**bieren**［スペルを言う］
der **Buckel**［背中］, **bucklig**［背中が曲がった］
bücken［屈める］
die **Bude**［屋台］
die **Budel**［（お店の）カウンター］

bös [悪い], **böse** [悪い], **bösartig** [意地悪い]
boshaft [悪意のある], die **Bosheit** [悪意]
der **Bote** [使者], die **Botschaft** [大使館]
boxen [ボクシングをする], der **Boxer** [ボクサー]
brach [brechen「折る」の過去基本形]
der **Brand** [火事], Brände [複数形]
der **Branntwein** [シュナップス]
braten [焼く], briet [過去基本形], gebraten [過去分詞], du brätst [君は焼く], brät [現在人称変化（3人称単数）], der **Braten** [ロースト]
brauchen [必要とする]
brauen [醸造する], der **Brauer** [醸造者], die **Brauerei** [醸造所]
braun [茶色の], **bräunlich** [茶色がかった]
die **Brause** [じょうろのノズル]
brausen [(風や波などが) ごうごうと音を立てる]
die **Braut** [花嫁], Bräute [複数形]
der **Bräutigam** [花婿]
brav [行儀がよい], die **Bravheit** [行儀がよいこと]
bravo! [ブラボー！]
brechen [折る], brach [過去基本形], gebrochen [過去分詞], du brichst [君は折る], bricht [現在人称変化（3人称単数）], brich! [折れ！：命令形]
der **Brei** [粥（かゆ）]
breit [幅のひろい], die **Breite** [幅]
die **Bremse** [ブレーキ], **bremsen** [ブレーキをかける]
brennen [燃える], brannte [過去基本形], gebrannt [過去分詞], der **Brand** [火事]
das **Brett** [板]
die **Brezel** [ブレーツェル]
der **Brief** [手紙], Briefträger [郵便配達人]
das **Brikett** [成形木炭]

der **Bleistift**〔鉛筆〕
　blenden〔まぶしがらせる〕
der **Blick**〔視線〕, **blicken**〔目を向ける〕
　blind〔目の見えない〕
der **Blitz**〔稲妻〕, **blitzen**〔稲光がする〕, **Blitzableiter**〔避雷針〕
das **Bloch**〔丸太〕
der **Block**〔(岩石などの) 塊〕, **Blöcke**〔複数形〕
　blöd〔愚かな〕
　blöken〔(牛や羊が) 鳴く〕
　blond〔ブロンドの〕
　bloß〔むきだしの、ただ…だけ〕
　blühen〔花が咲いている〕, **blühte**〔過去基本形〕, **geblüht**〔過去分詞〕, die **Blüte**〔(木に咲く) 花〕
die **Blume**〔花〕
die **Bluse**〔ブラウス〕
das **Blut**〔血〕, **bluten**〔出血する〕, **blutig**〔血だらけの〕
die **Blüte**〔(木に咲く) 花〕
der **Bock**〔雄ヤギ〕, **Böcke**〔複数形〕, **bocken**〔発情する〕
der **Boden**〔土地〕, **Böden**〔複数形〕
der **Bogen**〔弓〕
　Böhmen〔ボヘミア〕, **böhmisch**〔ボヘミアの〕
die **Bohne**〔豆〕
　bohren〔穴をあける〕, der **Bohrer**〔錐〕
der **Böller**〔小臼砲〕
der **Bolzen**〔ボルト〕
die **Bombe**〔爆弾〕
das **Boot**〔ボート〕
　borgen〔貸す、借りる〕
die **Borke**〔樹皮〕, **Borkenkäfer**〔キクイムシ〕
die **Börse**〔証券取引所〕
die **Borste**〔(ブタなどの) 剛毛〕

die **Binde** [包帯]
    binden [結ぶ], **band** [過去基本形], **gebunden** [過去分詞], das **B**and [ひも、リボン]

der **Binkel** [包み]

die **Binse** [イグサ]

die **Birke** [シラカバ]

die **Birne** [ナシ]

die **Birsch** [忍び猟], **birschen** [獲物にそっと忍び寄る]
    bis […まで], bis dahin [その時まで], bisher [今まで]

der **Biß** (beißen) [噛むこと (噛む)], **bissig** [噛みつきぐせのある]
    bißchen [わずかな], ein bißchen [少し (の)]

der **Bischof** [司教], Bischöfe [複数形]

der **Bissen** [一口分 (分量)]
    bist […である], du bist [君は…である]

die **Bitte** [頼み], **bitten** [頼む], bat [過去基本形], gebeten [過去分詞]; bitte, gib mir ... [私に…をください]
    bitter [苦い]
    blamieren [笑いものにする]
    blaß (bleich) [青白い (青ざめた)], **blässer** [比較級], die **B**lässe [蒼白]

die **Blase** [泡、水ぶくれ]

der **Blasebalg** [ふいご], Blasebälge [複数形]
    blasen [吹く], blies [過去基本形], geblasen [過去分詞], du bläst [君は吹く]

das **Blatt** (Pflanze) [葉 (植物)], Blätter [複数形]

die **Blatter** [吹き出物] = Blase [泡、水ぶくれ]
    blau [青い], **bläulich** [青みがかった]

das **Blech** [ブリキ]

das **Blei** [鉛], **bl**eiern [鉛の] = aus Blei [鉛製の]
    bleiben [とどまる], blieb [過去基本形], geblieben [過去分詞]
    bleich [青ざめた], **bleichen** [色あせる]

整える］；zu Bette gehn ［就寝する］
 betteln ［物乞いする］, der **Bettler** ［乞食］
 beugen ［曲げる］
die **Beule** ［こぶ］
die **Beute** ［略奪品］
der **Beutel** ［財布］, **beuteln** ［揺すぶる］
 bevor ［…する前に］
 bewaffnen ［武装させる］
 bewahren ［守る］
 bewegen ［動かす］, die **Bewegung** ［動き］
der **Beweis** ［証明］, **beweisen** ［証明する］, **bewiesen** ［証明された］
 bewirten ［もてなす］, die **Bewirtung** ［もてなし］
 bewundern ［称賛する］, die **B**ewunderung ［称賛］
 bewußtlos ［意識不明の］
der **Bezirk** ［地区、郡］
der **Bezirkshauptmann** ［郡長］, die Bezirkshauptmannschaft ［郡庁］
die **Bibel** ［聖書］
die **Bibliothek** ［図書館］ = Bücherei ［図書館、図書室］
 biegen ［曲げる］, bog ［過去基本形］, gebogen ［過去分詞］, biegsam ［曲げやすい］, die **Biegung** ［湾曲］
die **Biene** ［ミツバチ］
das **Bier** ［ビール］
 bieten ［提供する］, bot ［過去基本形］, geboten ［過去分詞］
das **Bild** ［絵］, das Bildchen ［小さな絵］
 bilden ［形づくる］
der **Bildhauer** ［彫刻家］
die **Bildung** ［教育、教養］
 billig ［安い、正当な］, die **Billigkeit** ［安いこと、正当さ］
die **Billion** ［1兆］
 bin ［…である］, ich bin (von sein) ［私は…である（動詞sein「…である」から）］

bescheren [クリスマスプレゼントを贈る], die **Bescherung** [クリスマスプレゼントを贈ること]

beschweren [重しをのせる]

beschwichtigen [静める]

der **Besen** [ほうき], Besenstiel [ほうきの柄]

der **Besitz** [財産], **besitzen** [所有する], besaß [過去基本形], besessen [過去分詞], du besit**z**t [君は所有する]

besondere [特別な], **besonders** [とくに]

besorgen [調達する、面倒をみる], die **B**esorgung [調達、世話]

besser [より良い]

bestätigen [確認する]

beste [もっともよい], zum **b**esten halten [からかう], sein **B**estes tun [ベストをつくす], bestens [もっともよく]

das **Besteck** [ナイフ・フォーク・スプーンの一式]

die **Bestie** [野獣]

bestimmen [定める], **bestimmt** [定められた、きっと]

der **Besuch** [訪問], **besuchen** [訪ねる]

betäuben [麻痺させる], **betäubt** [麻痺した]

beten (Kirche) [祈る（教会）], betete [過去基本形], gebetet [過去分詞]

der **Beton** [コンクリート]

betrachten [観察する]

der **Betrag** [金額], **betragen** […の額になる], betrug [過去基本形], es beträgt [その額は…になる]

betreiben [経営する], ≠trieb [過去基本形], ≠trieben [過去分詞], der **Betrieb** [企業]

betrinken [(sich) 酔っぱらう], ≠trank [過去基本形], **betrunken** [酔っぱらった：過去分詞]

betrüben [悲しませる], betrübt [悲しげな]

der **Betrug** [詐欺], **betrügen** [だます], ≠trogen [過去分詞]

das **Bett** [ベッド], **betten** [寝かせる] = das Bett machen [ベッドを

のように]
die **Bekleidung** [衣服] = Kleider [衣服]
　bekritteln [あら探しをする]
　belehnen [封土を与える]
　beliebig [任意の]
　beliebt [人気のある]
　bellen [吠える]
　bemängeln [咎める]
das **Benehmen** [ふるまい], sich **benehmen** [ふるまう], benahm [過去基本形], benommen [過去分詞], benimmst [現在人称変化 (2人称単数)], benimmt [現在人称変化 (3人称単数)]
der **Bengel** [若造]
　benützen [使用する], benützt [過去分詞]
das **Benzin** [ガソリン]
　bequem [快適な], die **Bequemlichkeit** [快適さ]
　bereit [準備のできた], die **Bereitschaft** [準備]
　bereiten [準備する], die **Bereitung** [準備]
　bereits [すでに]
der **Berg** [山], **bergig** [山地の]
　bergab [山を下って], **bergauf** [山を上って]
　bergen [隠す] : verbergen [隠す]; barg [過去基本形], geborgen [過去分詞], du birgst [君は隠す], birgt [現在人称変化 (3人称単数)]
　Bernhard [ベルンハルト]
der **Bernhardiner** [セントバーナード犬]
　bersten [破裂する], barst [過去基本形], geborsten [過去分詞]
　Berta [ベルタ]
　berüchtigt [評判の悪い]
　beschaffen [調達する]
　beschäftigen [従事させる]
　bescheiden [控えめな]

形], begonnen［過去分詞］
　begleiten (mitgehen)［つき添う（一緒に行く）］, die **B**egleitung［つき添い］
das **B**egräbnis［埋葬］, ₌nisse［複数形］
　begreifen［理解する］, ₌griff［過去基本形］, ₌griffen［過去分詞］
der **B**egriff［概念］
　behalten［取っておく］, ₌hielt［過去基本形］, ₌hältst［現在人称変化（2人称単数）］
der **B**ehälter［容器］
　behilflich［役に立つ］
die **B**ehörde［役所］, **b**ehördlich［役所の］
　behutsam［用心深い］
　bei［…のそばに］, **b**eim［…のそばに：前置詞と定冠詞の融合形］＝ bei dem
die **B**eichte［懺悔］, **b**eichten［懺悔する］, der **B**eichtvater［聴罪司祭］
　beide［両方の］, **b**eides［両方の］
　beiderlei［両種の］
　beiderseits［両側に］
　beieinander［並んで］
　beiläufig［ついでの］
　beileibe［けっして（…ない）］
　beim［…のそばに：前置詞と定冠詞の融合形］＝ bei dem
das **B**ein［脚］
　beinahe［ほとんど］
das **B**eispiel［例］, zum Beispiel［たとえば］
　beißen［嚙む］, biß［過去基本形］, gebissen［過去分詞］, du beißt［君は嚙む］, der **B**iß［嚙むこと］
die **B**eize［（木材用の）着色剤］, **b**eizen［（木材を）着色する］
　beizeiten［間に合うように］
　bejahen［肯定する］, **b**ejahte［過去基本形］, **b**ejaht［過去分詞］
　bekannt［知られた］, der **B**ekannte［知り合い］, **b**ekanntlich［周知

baufällig［倒れかかった］
der **Baum**［木］, Bäume［複数形］
　baumeln［ぶらぶら揺れる］
　bäumen, aufbäumen［(sich) 棒立ちになる］
die **Baumwolle**［木綿］
der **Bausch**［ふくらみ］, Bäusche［複数形］, **bauschen**［ふくらませる］, **bauschig**［ふくらんだ］
　bausen［透写する］= durchzeichnen［透写する］
der **Bayer**［バイエルン人］, **bayrisch**［バイエルンの］, **Bayern**［バイエルン］
der **Beamte**［公務員］
　beben［震動する］, das Erdbeben［地震］
der **Becher**［杯］
das **Becken**［洗面器］
　bedächtig［慎重な］
　bedeuten［意味する］, die Bedeutung［意味］
　bedienen［給仕する］, die Bedienung［給仕］, der Bediente［召使い］
die **Bedingung**［条件］, unter der Bedingung［…という条件で］
das **Bedürfnis**［必要］, ‑nisse［複数形］
　beenden［終える］, **beendigen**［終える］
die **Beere**［(葡萄やイチゴなどの) 実］, Erdbeere［イチゴ］
das **Beet**［苗床］= **Gartenbeet**［花壇］
der **Befehl**［命令］, **befehlen**［命令する］, befahl［過去基本形］, befohlen［過去分詞］, du befiehlst［君は命令する］, befiehlt［現在人称変化（3人称単数）］
　befriedigen［満足させる］
　begegnen［出会う］
　begehren［欲する］
die **Begierde**［欲望］, **begierig**［貪欲な］
der **Beginn**［初め］, **beginnen**［始める、始まる］, begann［過去基本

bändigen [飼いならす], der **Bändiger** [猛獣使い]
der **Bandit** [追い剝ぎ]
bang [不安な], **bänger** [比較級], die **Bangigkeit** [不安]
die **Bank** (zum Sitzen) [ベンチ（すわるための）], Bänke [複数形], das **Bänkchen** [小さなベンチ]
die **Bank** (Geld-) [銀行（銀行）], Banken [複数形], die **Banknote** [お札], der **Bankier** [銀行家]
bar bezahlen [現金で払う], bares Geld [現金] (*aber*: ein paar ...) [ただし「二、三の…」は ein paar ...]
der **Bär** (Tier) [クマ（動物）]
die **Baracke** [バラック]
Barbara [バルバラ]
barfuß, barfüßig [はだしの]
barmherzig [慈悲深い], die **Barmherzigkeit** [慈悲]
der **Barn** [飼葉桶（かいばおけ）] = Krippe [飼葉桶（かいばおけ）]
barock [バロックの], der **Barockstil** [バロック様式]
das **Barometer** [気圧計]
der **Baron** [男爵], die **Baronin** [男爵夫人]
die **Barriere** [柵]
barsch [つっけんどんな]
der **Bart** [ひげ], Bärte [複数形], **bärtig** [ひげのある]
der **Baß** [バス（低音部）], Bässe [複数形]
der **Basar** [バザー]
der **Bast** [樹皮]
basteln [(趣味で) 工作する]
die **Batterie** [バッテリー]
der **Bau** [建物], Bauten [複数形], **bauen** [建てる]
der **Bauch** [お腹], Bäuche [複数形]
der **Bauer** [農民（男）], die **Bäuerin** [農民（女）], -**innen** [農民（女）：複数形], Bauersleute [農民たち]
bäuerisch [農民風の、粗野な], **bäuerlich** [農民の]

das **Ave Maria**［アヴェ・マリア］
das **Aviso**［(発送の) 通知］
die **Axt**［斧］, Äxte［複数形］

B.

der **Bach**［小川］, Bäche［複数形］
　backen［(パンなどを) 焼く］, backte oder buk［backteまたは buk：過去基本形］, gebacken［過去分詞］, du bäckst［君は焼く］
der **Bäcker**［パン屋］, die **Bäckerei**［パン屋］
das **Bad**［入浴、浴室］, Bäder［複数形］, **baden**［入浴する］
　bähen［(羊が) メーメー鳴く］
die **Bahn**［道、鉄道］, den Weg **bahnen**［道を開く］
der **Bahnhof**［駅］, -höfe［複数形］, Bahnsteig［プラットホーム］
die **Bahre**［担架］, **aufbahren**［(遺体を) 棺台に安置する］
der **Bajazzo**［道化師］
das **Bajonett**［銃剣］
　balancieren［バランスをとる］
　bald［まもなく］, **baldig**［まもない］
der **Balg**［(動物の) 皮］, Bälge［複数形］
　balgen［取っ組み合いをする］, die **Balgerei**［取っ組み合い］
der **Balken**［梁］
der **Balkon**［バルコニー］
der **Ball**［ボール］, Bälle［複数形］
der **Ballen**［包み］, **ballen**［丸く固める］, ballte［過去基本形］, geballt ［過去分詞］
der **Ballon**［気球］
der **Balsam**［バルサム］
die **Balz**［(野鳥の) 交尾］, **balzen**［雄鳥が雌鳥を呼ぶ］
das **Band** (Streifen)［リボン (帯)］, Bänder［複数形］
der **Band** (Buch)［巻 (本)］, Bände［複数形］
die **Bande**［悪党の一味、(馬場などの) 囲い］

    ausführlich［詳しい］
die **Ausführung**［実行］
das **Ausgeding**［隠居分］
    ausgezeichnet［すばらしい］
    ausgiebig［十分な］
    ausgleichen［均一にする］, ₋**geglichen**［バランスのとれた］
    ausglitschen［足をすべらす］
    aushalten［耐える］
die **Auskunft**［情報］, **Auskünfte**［複数形］
das **Ausland**［外国］, der **Ausländer**［外国人］, **ausländisch**［外国の］
    ausleeren［空にする］: **ausgießen**［（びんなどを）空にする］
die **Ausnahme**［例外］
    ausnahmsweise［例外的に］
    ausrenken［脱臼する］
    ausrichten［伝える、そろえる］
    ausrotten［根絶する］
die **Aussaat**［種まき］
der **Ausschuß**［委員会］, **Ausschüsse**［複数形］
die **Aussicht**［見込み］
    aussöhnen［仲直りさせる］
    ausstaffieren［飾り立てる］
    ausstatten［備えつける］, die **Ausstattung**［設備］
    ausstehen［耐え抜く］, **ausgestanden**［やっと終わった］
die **Ausstellung**［展覧会］
    Australien［オーストラリア］
der **Austritt**［脱退］
    auswärtig［外の］, **auswärts**［外で］
der **Ausweis**［証明書］
    auswendig［暗記して］
das **Auto**［自動車］＝ **Automobil**［自動車］
der **Automat**［自動販売機］

aufpäppeln［(栄養をつけて) 回復させる］
　　　aufpassen［気をつける］, aufgepaßt［気をつけて］
　　　aufrecht［直立の］
　　　aufregen［興奮させる］, aufgeregt［興奮した］, die Aufregung［興奮］
　　　aufrichtig［率直な］, die Aufrichtigkeit［率直］
　　　aufs［…の上へ：前置詞と定冠詞の融合形］= auf das
der **Aufsatz**［作文］, Aufsätze［複数形］
die **Aufsicht**［監督］
　　　aufstapeln［積み上げる］
der **Auftrag**［依頼］, -träge［複数形］, auftragen［依頼する］
　　　aufwärts［上の方へ］
der **Aufzug**［エレベーター、(演劇の) 幕］, Aufzüge［複数形］
das **Auge**［目］, Augapfel［眼球］, einäugig［片目の］
der **Augenblick**［瞬間］
die **Augenbraue**［眉］
das **Augenlid**［まぶた］
der **August** (Monat)［8月 (月)］
　　　August［アウグスト］, Augusta［アウグスタ］
　　　aus［…(の中) から］, aus und ein［出たり入ったり］
die **Ausdehnung**［延長］
der **Ausdruck**［表現］, Ausdrücke［複数形］
　　　ausdrücklich［はっきり表現された］
　　　auseinander［離れて］
　　　außen［外側で (に)］, von außen［外側から］
　　　außer［…の外に (で)］, **außerdem**［そのほかに］
　　　äußere［外の］, äußerste［いちばん外の］, **äußerlich**［外部の］
　　　außerhalb［…の外で］
　　　äußern［述べる］, die Äußerung［発言］
　　　außerordentlich［並はずれた］
　　　äußerst［きわめて］

der **Ast** [枝], **Äste** [複数形]
die **Astronomie** [天文学], **astronomisch** [天文学の]
das **Atelier** [アトリエ]
der **Atem** [息], **atemlos** [息切れした]
der **Atlas** [地図帳], Atlasse oder Atlanten [Atlasse または Atlanten：複数形]
　　atmen [呼吸する], die **Atmung** [呼吸]
die **Atmosphäre** [大気、雰囲気], **atmosphärisch** [大気の]
das **Attentat** [暗殺]
　　atzen [(ひな鳥に) えさをやる], die **Atzung** [(ひな鳥の) えさ] = Futter [えさ]
　　ätzen [腐食する], ätzend [腐食性の、辛辣な]
die **Au** [(川沿いの) 低湿地、緑地], Auen [複数形]
　　auch […もまた]
der **Auerhahn** [オオライチョウ (雄)], -hähne [複数形]
die **Auerhenne** [オオライチョウ (雌)], -hennen [複数形]
　　auf […の上], auf und davon [立ち去って], aufs […の上へ：前置詞と定冠詞の融合形] = auf das
　　aufbahren [(遺体を) 棺台に安置する]
　　aufbewahren [保管する]
　　aufeinander [重なり合って]
der **Aufenthalt** [滞在]
die **Auferstehung** [復活]
　　auffallen [目立つ], auffallend [人目につく]
　　auffällig [人目を引く]
die **Aufführung** [上演]
die **Aufgabe** [課題]
　　aufgeregt [興奮した]
　　aufhören [やめる]
　　aufmerksam [注意深い], die **Aufmerksamkeit** [注意]
die **Aufnahme** [受け入れ]

der **Apostroph** [アポストロフィ]
die **Apotheke** [薬局], der Apotheker [薬剤師]
der **Apparat** [装置]
der **Appetit** [食欲], appetitlich [おいしそうな]
der **Applaus** [拍手喝采], app**laud**ieren [拍手喝采する]
 apportieren [（猟犬が）獲物を取ってくる], **apport!** [取ってこい！]
der **April** [4月]
der **Äquator** [赤道]
das **Ar** [アール]: Flächenmaß [面積の単位]
 arabische Ziffer [アラビア数字]
die **Arbeit** [仕事], arbeiten [働く], der Arbeiter [労働者（男）], Arbeiterin [労働者（女）], ˷innen [労働者（女）：複数形]
 arbeitslos [失業中の], die Arbeitslosigkeit [失業]
der **Architekt** [建築家]
 arg [悪い], ärger [比較級], am ärgsten [最上級]
der **Ärger** [怒り], ärgerlich [怒った], ärgern [怒らせる]
 argwöhnisch [疑い深い]
der **Arm** [腕], der **Ärmel** [袖]
 arm [貧しい], ärmer [比較級], am ärmsten [最上級], ärmlich [みすぼらしい], armselig [悲惨な]
die **Armut** [貧困]
 arrangieren [手配する] = einrichten [（はずを）整える]
der **Arrest** [拘禁], **arretieren** [拘禁する]
die **Art** [やり方、種類]
 artig [行儀のよい], die Artigkeit [行儀がよいこと]
der **Artikel** [記事、冠詞]
die **Arznei** [薬]
der **Arzt** [医者], Ärzte [複数形], ärztlich [医者の]
die **Asche** [灰], äschern [灰にする]
 Asien [アジア]

die **Annonce**［広告］= Anzeige［広告］
 annoncieren［広告する］
 ans［…へ（接して）：前置詞と定冠詞の融合形］= an das
 ansässig［定住した］
 anschaffen［調達する］
 anschnauzen［ののしる］
die **Ansicht**［見解］
 ansiedeln［定住させる］, die **A**nsied(e)lung［定住］
 anspannen［(馬などを) 車につなぐ、緊張させる］
der **Anspruch**［要求］, Ansprüche［複数形］
die **Anstalt**［施設］
der **Anstand**［礼儀（作法）］, Anstände［複数形］
 anständig［礼儀正しい］
 anstatt［…の代わりに］
 anstecken［感染させる］, die **A**nsteckung［感染］
 anstiften［そそのかす］, der **A**nstifter［扇動者］
 ansträngen［(車に) つなぐ］= anschirren［家畜に鞍具（ひきぐ）をつける］
 anstrengen (plagen)［骨を折らせる（苦しめる）］, die **A**nstrengung［骨折り］
 Anton［アントーン］, Antonia［アントーニア］
 antun［(危害を) 加える］, angetan［…に魅せられた、…に適している］
die **Antwort**［答え］, **antworten**［答える］
 anweisen［指示する］, die **A**nweisung［指示］
 anwenden［使用する］, die **A**nwendung［使用］
das **Anwesen**［家屋敷］
 anwesend［出席している］
der **Anzug**［スーツ］, Anzüge［複数形］
der **Apfel**［リンゴ］, Äpfel［複数形］
der **Apostel**［使徒］, **apostolisch**［使徒の］

anderthalb［1と2分の1の］
der **Andrang**［殺到］
　　aneignen［身につける］
　　aneinander［となりあって］
das **Aneroidbarometer**［アネロイド気圧計］
der **Anfall**［発作］, Anfälle［複数形］
der **Anfang**［初め］, Anfänge［複数形］
　　anfangen［始まる、始める］, **anfangs**［初めに］
　　anfertigen［製作する］, die Anfertigung［製作］
　　angeblich［自称の］
der **Angehörige**［家族、親族］
die **Angel**［釣り針］, **angeln**［釣る］
　　angenehm［心地よい］
der **Angriff**［攻撃］
die **Angst**［不安］, in Ängsten sein［不安である］, angst und bang［不安に］
　　ängstigen［不安にさせる］
　　ängstlich［心配そうな］, die Ängstlichkeit［心配］
　　anhänglich［忠実な］, die Anhänglichkeit［忠実（であること）］
das **Anhängsel**［小さなペンダント］
der **Anis**［アニス］
der **Anker**［錨］, **ankern**［錨を下ろす］
　　ankündigen［予告する］, die Ankündigung［予告］
die **Ankunft**［到着］
die **Anlage**［設置、施設］
der **Anlaß**［きっかけ］, Anlässe［複数形］, **anläßlich**［…の機会に］
　　anmaßend［思い上がった］, die Anmaßung［思い上がり］
die **Anmerkung**［注釈］
　　Anna［アナ］
die **Annehmlichkeit**［快適さ］
　　Anno［…年に］ ＝ im Jahr ...［…年に］

das **Alter**［年齢］, **altern**［年をとる］
der **Altar**［祭壇］, Altäre［複数形］
  alterieren［変化させる］
das **Altertum**［古代］, -tümer［複数形］, **altertümlich**［古代の］
  altmodisch［時代遅れの］, **altväterisch**［威厳のある］
das **Aluminium**［アルミニウム］
  am［…に（接して）：前置詞と定冠詞の融合形］= an dem
  am besten, am größten usw.［いちばんよい、いちばん大きい、など］
der **Amboß**［鉄床］, Ambosse［複数形］
die **Ameise**［蟻（あり）］
  amen!［アーメン！］
  Amerika［アメリカ］, der Amerikaner［アメリカ人］, **a**merikanisch［アメリカの］
die **Amme**［乳母］
die **Ampel**［吊り下げランプ、信号機］
die **Amsel**［クロウタドリ］
das **Amt**［公職］, Ämter［複数形］, **amtieren**［公職を務める］
  an［…に（接して）］, an dem［…に（接して）］= am［…に（接して）：前置詞と定冠詞の融合形］; an das［…へ（接して）］= ans［…へ（接して）：前置詞と定冠詞の融合形］
der **Anbau**［栽培］, **anbauen**［栽培する］
  anbieten［申し出る］
die **Andacht**［敬虔］, **andächtig**［敬虔な］
das **Andenken**［思い出］
  andere［他の］, **anderer**［他の］, **anderes**［他の］, **ein andermal**［別のときに］, **ein anderes Mal**［別のときに］, **anders**［ちがったふうに］
  and(e)rerseits, **anderseits**［他方では］
  ändern［変える］, die **Änderung**［変更］
  anders［ちがったふうに］, **anderswo**［ほかの場所で］

der **Alarm** [警報], **alarmieren** [警報を鳴らす]
Albert [アルベルト], **Albrecht** [アルブレヒト]
das **Album** [アルバム]
Alexander [アレクサンダー]
der **Alkohol** [アルコール], **alkoholisch** [アルコールの]
alle [すべての], **alles** [すべてのもの、すべてのこと], vor allem [とくに]
die **Allee** [並木道]
allein [ひとりの], **alleinig** [唯一の]
allenfalls [せいぜい]
aller... [最も…]
allerdings [ただし、もちろん]
allerhand [さまざまな]
Allerheiligen [万聖節]
allerhöchst [最高の], **allerletzt** [いちばん最後の]
allerlei [いろいろな]
Allerseelen [万霊節]
allgemein [一般的な]
allmächtig [全能の]
allmählich [しだいに]
allwissend [全知の]
die **Alm** [高原の牧場]
das **Almosen** [施し物]
Alois [アーロイス], **Aloisia** [アロイジア]
die **Alpe** [高原の牧場]
die **Alpen** [アルプス], der **Älpler** [アルプスの住民]
das **Alphabet** [アルファベット], **alphabetisch** [アルファベット順の]
als […したときに、…よりも、…として]
alsdann [それから]
also [つまり]
alt [古い], **älter** [比較級], am **ältesten** [最上級], **ältlich** [年配の],

ächzen [うめく]

der **Acker** [畑], **Äcker** [複数形], **ackern** [耕す], der **Ackerbau** [耕作]

addieren [足す], die **Addition** [足し算]

der **Adel** [貴族], **adelig** [貴族の]

die **Ader** [血管]

adieu! [アデュー！] = Leb' wohl! [さようなら！]

der **Adler** [鷲]

Adolf [アドルフ]

die **Adresse** [住所], **adressieren** [宛名を書く]

der **Advent** [待降節（アドベント）]

der **Advokat** [弁護士]

der **Aeroplan** [飛行機]

der **Affe** [猿]

affektiert [気取った]

Afrika [アフリカ], **afrikanisch** [アフリカの]

der **Agent** [エージェント], die Agentur [代理店]

Agnes [アグネス]

die **Ahle** [錐]

ähneln [似ている]

ahnen [予感する], die **Ahnung** [予感], **ahnungslos** [何も気づかない]

ähnlich [似た], die **Ähnlichkeit** [類似]

der **Ahorn** [カエデ]

die **Ähre** [穂] = **Getreideähre** [穀物の穂]

der **Akkord** [和音、出来高払い], Akkordarbeit [出来高払いの仕事]

der **Akkumulator** [蓄電池]

akkurat [几帳面な]

der **Akrobat** [軽業師]

der **Akt** [行為、（演劇の）幕]

die **Aktie** [株], Aktiengesellschaft [株式会社]

  absehbare Zeit［近いうちに］
  abseits［脇に離れて］
die **Absicht**［意図］, **absichtlich**［故意に］
  absolut［絶対的な］
  abspenstig［引き離して］
  abstammen［由来する］, die **Abstammung**［家系］
der **Abstand**［間隔］, Abstände［複数形］
der **Abstecher**［寄り道］
  abstellen［(荷物などを) 下へ降ろす］
der **Abstieg**［下降］
der **Abszeß**［潰瘍］, Abszesse［複数形］
der **Abt**［修道院長］, Abte［複数形］, die **Abtei**［修道院］
der **Abteil**［車室、仕切り］, die **Abteilung**［部門］
  abtun［片づける］, abgetan［片づけられた］
  abwärts［下の方へ］
  abwechseln［交代する］, die **Abwechslung**［気分転換］
  abwesend［不在の］, die **Abwesenheit**［不在］
der **Abzug**［控除］, Abzüge［複数形］
  abzweigen［分岐する］, die **Abzweigung**［分岐点］
  ach!［ああ！］
die **Achse**［軸］, Radachse［車軸］
die **Achsel**［肩］: Schulter［肩］
  acht (8)［8］, eine Acht［数字の8］= ein **Achter**［数字の8］, die achte Stunde［8時間目］, das **Achtel**［8分の1］, **achtzehn**［18］, **achtzig**［80］
  achten［尊敬する、注意する］, die **Achtung**［尊敬、注意］, **achtungsvoll**［うやうやしい］
  achtgeben［注意する］, gib acht!［気を付けろ！：命令形］
  achthaben［注意する］
  achtsam［注意深い］, die **Achtsamkeit**［用心深さ］
  achtzehn［18］, **achtzig**［80］

A.

das **Aas**［腐肉、いやなやつ］, **Aa**se oder **Ä**ser［Aase または Äser：複数形］

ab［離れて、…から］, ab und zu［ときどき］

die **Abbildung**［図版］

das **Abc**［アルファベット］

der **Abend**［夕方］, heute abend［今晩］, abends［夕方に］

das **Abendmahl**［晩餐］

das **Abenteuer**［冒険］

aber［しかし］

der **Aberglaube**［迷信］, abergläubisch［迷信深い］

abermals［もう一度］

das **Abführen**［下痢］

der **Abgeordnete**［議員］

abgespannt［疲れきった］＝ matt［ぐったりした］

der **Abgrund**［深淵］, Abgründe［複数形］

abhanden kommen［失われる］

der **Abhang**［斜面］, Abhänge［複数形］

abhärten［鍛える］, die Abhärtung［鍛錬］

der **Ablaß**［免罪］, Ablässe［複数形］

der **Ableger**［（挿し木につかう）若い枝］

ablösen［引き離す］, abgelöst［引き離された］

die **Abnahme**［除去］

die **Abneigung**［反感］

das **Abonnement**［予約購読］, der Abonnent［予約会員］, abonnieren［予約購読する］

der **Abort**［便所］

der **Abschied**［別れ］

der **Abschnitt**［章］

abschüssig［急傾斜の］

配列ではßはssの後ろにつづくわけですが、それは多くの場合、不自然で、子どもたちにとっては単語が見つけにくくなると思えました。たとえば、aus［…（の中）から］とaußen［外側で（に）］のあいだに、ausgiebig［十分な］、Auskunft［情報］、Ausnahme［例外］などの単語が、割り込むことになってしまうからです。生徒はausを引いて、auseのところに単語がないのに気づくと、「ああ、そうか、やっぱりausenと書けばいいんだな」と思ってしまいます。もちろん私の『小学生のための正書法辞典』の並べ方にも、不自然なところがあります。ßは、現在の正書法ではszとしても、ßとしても用いられているので、それぞれの場合にアルファベットの別の場所に登場するからです。

　最後に、見出し語の前に冠詞をかぶせていることについて、ひとこと述べておきたいと思います。こうすることによって、理解しやすくなり、間違いをいくつか防ぐことができると思います。すべての名詞（いくつかの複合語は別ですが）に冠詞を添えました。冠詞が前についていると、すぐに名詞だとわかるからです。冠詞を名詞の後ろに添えておくと、子どもたちは見落としてしまうか、勘違いして後ろの単語に結びつけてしまいます。見出し語を縦の列でそろえておいたので、『小学生のための正書法辞典』の新しい並べ方でも、見やすさは失われていないと思います。

　　　1925年4月22日　オッタータール
　　　　　著者ルートヴィヒ・ヴィトゲンシュタイン

を幹語の前に置くほうがよいこともあります。また、こちらでは、合成語を見出し語の横に並べれば、見出し語の意味がはっきりして、誤解を防ぐことができるけれど、あちらでは、そういう配慮が余計になることがある、などなどです。私がどのように単語を並べたのか、それを数多くの場合でいちいち弁明しはじめると、きりがありません。どの場合でも私はひとつひとつ、時間をかけてていねいに考えました。配列法を個々のケースで、詳細に時間をかけてじっくり検討しました。心理的な原則（生徒は辞典のどこでこの単語を探すだろうか、生徒が混同しないためには、どうするのが一番か、など）が、文法的な原則（幹語、派生語）や、レイアウトの原則（紙面を最大限に使うこと、組版の見やすさ、など）と、何度も衝突しています。ですから『小学生のための正書法辞典』を表面的に判断すれば、あちこちで、恣意的に見える不統一が目につくことになりますが、それらの不統一は、方針にしたさまざまな視点を妥協させた結果なのです。

　太字体を私は、見出し語の強調のためだけでなく、単語や個々のアルファベットを目立たせたいと思ったところでも残らず、遠慮なく使っています。なぜ太字体になっているのかは、どのケースでもそれぞれ簡単に見当がつくでしょう。しかしここでも、単語やアルファベットを太字にするべきかどうかを、たったひとつの方針で（たとえば、見出し語は例外なく太字にして、派生語は太字にしない、という具合に）決めることは、適切ではないので避けました。

　ßを私は、アルファベット順が単語配列の規準であったにもかかわらず、sひとつの音として扱いました。通常の

常にむずかしくなるでしょう。私はこの場合、これらの単語をつぎのように並べました。

　　　　alt［古い］, das Alter［年齢］
　　　der Altar［祭壇］
　das Altertum［古代］, altertümlich［古代の］
　　　　　　　　など

　この例をここで紹介したのは、単語の並べ方はさまざまな視点による合作であり、それらの視点の妥当性を比較・評価することは、しばしば困難であるということを明らかにしておきたかったからです。もしかするとアルファベット順の原則だけを優先させるべきだと考える人がいるかもしれません（たとえばヴァイデの辞典がそうです）。しかし、アルファベット順だけで押し通すと、親戚関係にある単語のあいだに異種の単語が割り込むことになり、私の考えでは、子どもには高度すぎる抽象能力を要求することになります。また、単語を理解するという理由、それに貴重なスペースを節約するという理由からも、おすすめできない方式です。同様に、ひとつの方針にだけ頑固にこだわれば——著者の負担が減るとしても——、私たちの目的に適さない並べ方になるので、そういう方式も断念する必要があります。むしろ何度も妥協することが必要不可欠なのです。ある場合には、派生語を幹語のところに組み入れると単語が混同されやすくなり、別の場合には、混同される心配がありません。また場合によっては、幹語はまったく使われないのに、派生語のほうがよく使われるので、派生語

プ]、Packel [小さな包み]、Lacke [水たまり] など。

　個々のケースで、ある単語を収録するべきかどうかを決めるのは、もちろんむずかしいことです。しかし、はるかにむずかしいのは、どのように単語を並べるか、という問題です。つまり単語の配列は、アルファベット順という原則のほかにも、相反するさまざまな方針を考えることができます。ある場合においてどれを方針とするかは、少なからず著者の主観によって決めています。そうやって決めたものとして、たとえば、派生語は幹語のところに並べるという方針があります（つまり、見出し語にするのは幹語だけにして、派生語は幹語と同じ行に並べるか、または次の行に並べていくわけです。次の行に並べていく場合は、行頭を字下げにします）。この方針は、アルファベット順の原則と対立しています。たとえばalt [古い]、Altar [祭壇]、Alter [年齢]、Altertum [古代]、altertümlich [古代の] は、どのように並べるべきでしょうか？　ここではアルファベット順が考えられますが、アルファベット順には欠点があります。alt [古い] と Alter [年齢] は関連した単語ですが、Altar [祭壇] という異種の単語によって離れ離れになっています。親戚関係にある単語でまとめることは、スペースの節約という理由からだけでも望ましいことです。しかしその原則を使うなら、Altertum [古代] と altertümlich [古代の] も、alt [古い] に組み入れることが必要になります。とすると、Altertum [古代] と altertümlich [古代の] を、Altar [祭壇] の前に置くことが必要になるでしょう。しかしそのように並べると、それはそれで不自然に見えるでしょう。それに派生語の複雑な関係を見つけることが非

『小学生のための正書法辞典』の編集で問題になったのは、どの単語を選び、それらをどう並べるか、ということです。単語は、以下の視点にもとづいて選びました。

(1)『小学生のための正書法辞典』に収録するのは、オーストリアの小学生がよく使う単語だけに限るが、それらはひとつ残らず収録する。したがって、ドイツで使われているが、オーストリアでは使われていない単語は、あまり収録しない。たとえばabgefeimt［ずるがしこい］、äffen［猿まねをする］、bosseln［入念に仕上げる］、erklecklich［かなりの］など。余白は少なくする。ページ数が増えると、単語が探しにくくなり、本の値段も高くなるので。その一方、生徒がよく知っている単語については、可能なかぎり充実させる必要がある。調べようとした単語が出ていないことが何度もあると、それだけで、生徒は『正書法辞典』を信用しなくなり、『正書法辞典』で調べようという気がなくなってしまうので。

(2)どんなに簡単な単語でも収録する。──というのも私の経験では、生徒がwo［どこに、どこで］をwohと書いたり、was［何が、何を］をwassと書いたりしていたので。

(3)複合語も、子どもにとって複合語だとわかりにくい単語や、幹語を引きまちがえられそうな単語は、収録する。

(4)外来語も、普通に使われている単語は、収録する。外来語に対応するドイツ語も、回りくどくなったり、その外来語よりわかりにくくならない場合は、いっしょに載せる。

(5)方言の言い回しは、それが教養ある言語と見なされている場合にだけ収録する。たとえばHeferl［大きめのカッ

で使われる、ごくごく普通の、簡単で重要な単語が収録されていないからです。実際、この小冊子は、ほとんど外来語辞典のようなものにすぎません。私が必要とするものには程遠い代物です。というわけで必要に迫られた私は、私の生徒たち（5年制小学校の4年生）に正書法辞典をディクテーションさせることにしました。その正書法辞典の見出し語は、約2500語でした。それより語数が少ないと、辞書としての目的を果たさなかったでしょう。教室の現場を知っている人なら、その作業がどんなにむずかしいか、想像できるはずです。実際、生徒ひとりひとりに、可能なかぎり間違いのない、几帳面に書かれた正書法辞典をもたせるようにするわけですから。そのためには教師が、生徒ひとりひとりについて、ほとんどすべての単語をひとつずつチェックする必要があります（何人かの生徒を抽出してチェックするのでは不十分です。厳密なチェックにはどういうことが必要か、については省略しますが）。この小さな正書法辞典を何か月もかけて完成したとき、努力の甲斐があったことがわかりました。驚くほど正書法の力がついていたのです。生徒たちが正書法を意識するようになっていたのです。しかし、正書法辞典を生徒たちが自分で作るのは、やはり一般的にいって無理な話です。組織が不十分な学校ではとくに無理ですし、組織がしっかりしている学校でも、非常に時間がかかって、困難なことです。これらの欠点は、手作りの辞書が市販の辞書より明らかにすぐれていることを考えても、ほとんど補えないほどです。そういうわけで私が、この『小学生のための正書法辞典』を作ることにしたのです。

と呼ぶことにしますが、この「大辞典」には、私の目的からすると、さまざまな欠点があります。まず第一に、大きすぎるので、私たちの土地に住む人たちにはあまりにも高価です。第二に、その大きさでは、子どもが使うには不便です。第三に、子どもがけっして使わないような単語——とくに外来語——が大量に含まれているくせに、その一方で、子どもたちが必要としそうな、多くの単語が収録されていません。その一部は、もしかすると簡単な単語なので、収録されなかったのかもしれません。たとえば、dann［それから、そのときに］、wann［いつ］、mir［私に：3格］、dir［君に：3格］、du［君は：1格］、in［…の中で、…の中へ］などです。——しかし、このような簡単な単語こそ、子どもが書くときに頻繁にまちがえるものであり、とても残念な間違いのきっかけになるものです。またその一方で「大辞典」には、小学生の辞書には欠かすことができない、多くの複合語やその語構成が載っていません。それらがなければ、子どもたちは、複合語やその語構成になかなか気づかず、たいていの場合、幹語を調べてみようとまでは考えません（たとえば子どもたちは、Rauchfang［煙突］がRauchとFangの複合語だとはわからず、Raufangと言ってしまいます）。また合成語であることはわかっても、その分解の仕方をまちがえてしまいます。たとえばEinnahme［収入、服用、摂取］という単語では、ein［ある…、ひとつの…］とName［名前］に分解してしまう、などなどの場合があります。以上のような理由から、「大辞典」は私の目的には適さないものでした。しかし「小辞典」もまるで使いものになりません。日常生活

教師は、その生徒の知識と知能の状態を正しく把握することができます。生徒どうしでノートを交換して、おたがいに作文の手直しをすれば、クラスの能力を、いわばぼんやりとしか把握できません。生徒Aの作文から私は、同時に生徒Bの能力を知ろうとは思いません。生徒Bの能力は、生徒Bの作文から判断したいと思います。また、おたがいに手直ししても、クラス全体のレベルを正しく把握する──という主張もあるようですが──ことすらできません（クラス全体のレベルを知るには、それぞれの生徒がクラス全員の作文の手直しをする必要があるわけですが、そんなことはもちろん不可能です）。また、正書法の能力について、そのようなクラスの平均値に、教師は関心をもつべきではありません。というのも、正しく書けるようになるべきなのは、クラスではなく、生徒ひとりひとりなのですから！だからこそ生徒には、正書法辞典をもたせる必要があったのです。単語帳を推奨する声が多いのですが、それでは私たちの目的を果たすことができません。単語帳では、頭文字ごとに数ページの余白があって、その余白に生徒たちが機会あるたびに、重要な単語を書き込んでいきます。授業で習った順番に。単語帳が役に立つ場合もあるでしょうが、辞書のように単語をひくわけにはいきません。書き込まれた単語の数が少なすぎるか、単語を探すのにものすごく時間がかかるかのどちらかで、つまり実用的ではありません。ですから必要なのは、辞書のように使える正書法辞典なのです。これ以外にありません。検討に値するのは、教科書の版元が出している二冊の辞書だけです。その版元が出している大きい辞書を、以下では短縮して「大辞典」

序　文

　この『小学生のための正書法辞典』は、現在の正書法の授業における緊急の必要を満たすためのものです。著者である私が実際に授業をやって生まれたものです。担当しているクラスの生徒たちの正書法を改善するためには、生徒に正書法辞典を用意して、いつでも単語のスペルを確認できるようにしてやることが必要だと思いました。それもまず第一に、できるだけすばやく。第二に、調べた単語をずっと覚えておけるように。主として作文を書いたり手直ししたりするときに、単語のスペルは生徒にとって、すぐに知りたい、もっとも関心のある問題になります。教師やクラスメイトにたびたび質問すれば、クラスメイトの勉強の邪魔になり、本人も自分で考える癖がつかなくなります。おまけにクラスメイトに教えてもらう情報がまちがっていることも、たびたびあります。それだけでなく、口頭で教えてもらうと、自分の目で単語を見たときより、はるかに印象が弱くなります。『小学生のための正書法辞典』だけが、生徒に、自分の書いた作文の正書法にしっかり責任をもたせることができるのです。というのも生徒は、その気にさえなれば、『正書法辞典』を信頼できる手がかりにして、自分の間違いを見つけて手直しすることができるのですから。ところで生徒が自分で作文を手直しすることは、絶対に必要です。作文は自分ひとりで書くものだと思って、その作文に対しても自分ひとりで責任をもつべきです。それにまた生徒が自分で作文を手直ししてはじめて、

小学生のための正書法辞典

ルートヴィヒ・ヴィトゲンシュタイン

これは、
連邦教育省通達15444/9号（1925年10月12日付）により、
地方の小学校および都会の小学校で一般に使用することが
認められた出版物である。

1926年　ウィーン
ヘルダー＝ピヒラー＝テンプスキー書店

＊本書は、講談社学術文庫のための新訳です。

ルートヴィヒ・ヴィトゲンシュタイン
1889-1951年。オーストリアに生まれた哲学者。論理実証主義や分析哲学をはじめ現代哲学に多大な影響を与えた。生前に出版された著作は『論理哲学論考』と本書の二冊のみ。

丘沢静也（おかざわ　しずや）
1947年生まれ。首都大学東京名誉教授。

荻原耕平（おぎわら　こうへい）
1975年生まれ。首都大学東京非常勤講師。

講談社学術文庫

定価はカバーに表示してあります。

しょうがくせい　　　　　せいしょほう じ てん
小学生のための正書法辞典

ルートヴィヒ・ヴィトゲンシュタイン

おかざわしず や　　　おぎわらこうへい
丘沢静也・荻原耕平 訳

2018年12月10日　第1刷発行

発行者　　渡瀬昌彦
発行所　　株式会社講談社
　　　　　東京都文京区音羽 2-12-21 〒112-8001
　　　　　電話　編集　(03) 5395-3512
　　　　　　　　販売　(03) 5395-4415
　　　　　　　　業務　(03) 5395-3615

装　幀　　蟹江征治
印　刷　　豊国印刷株式会社
製　本　　株式会社国宝社

本文データ制作　講談社デジタル製作

© Shizuya Okazawa, Kohei Ogiwara
2018　Printed in Japan

落丁本・乱丁本は、購入書店名を明記のうえ、小社業務宛にお送りください。送料小社負担にてお取替えします。なお、この本についてのお問い合わせは「学術文庫」宛にお願いいたします。
本書のコピー、スキャン、デジタル化等の無断複製は著作権法上での例外を除き禁じられています。本書を代行業者等の第三者に依頼してスキャンやデジタル化することはたとえ個人や家庭内の利用でも著作権法違反です。R〈日本複製権センター委託出版物〉

ISBN978-4-06-514094-9

「講談社学術文庫」の刊行に当たって

 これは、学術をポケットに入れることをモットーとして生まれた文庫である。学術は少年の心を養い、成年の心を満たす。その学術がポケットにはいる形で、万人のものになることは、生涯教育をうたう現代の理想である。
 こうした考え方は、学術を巨大な城のように見る世間の常識に反するかもしれない。また、一部の人たちからは、学術の権威をおとすものと非難されるかもしれない。しかし、それはいずれも学術の新しい在り方を解しないものといわざるをえない。
 学術は、まず魔術への挑戦から始まった。やがて、いわゆる常識をつぎつぎに改めていった。学術の権威は、幾百年、幾千年にわたる、苦しい戦いの成果である。こうしてきずきあげられた城が、一見して近づきがたいものにうつるのは、そのためである。しかし、学術の権威を、その形の上だけで判断してはならない。その生成のあとをかえりみれば、その根は常に人々の生活の中にあった。学術が大きな力たりうるのはそのためであって、生活をはなれた学術は、どこにもない。
 開かれた社会といわれる現代にとって、これはまったく自明である。生活と学術との間に、もし距離があるとすれば、何をおいてもこれを埋めねばならない。もしこの距離が形の上の迷信からきているとすれば、その迷信をうち破らねばならぬ。
 学術文庫は、内外の迷信を打破し、学術のために新しい天地をひらく意図をもって生まれた。文庫という小さい形と、学術という壮大な城とが、完全に両立するためには、なおいくらかの時を必要とするであろう。しかし、学術をポケットにした社会が、人間の生活にとってより豊かな社会であることは、たしかである。そうした社会の実現のために、文庫の世界に新しいジャンルを加えることができれば幸いである。

 一九七六年六月

 野間省一

西洋の古典

アルキビアデス クレイトポン
プラトン著/三嶋輝夫訳

ソクラテス哲学の根幹に関わる二篇。野心家アルキビアデスにソクラテスは自己認識と徳の不可欠性を説く(アルキビアデス)。他方、クレイトポンは徳の内実と修得法を教えるようソクラテスに迫る(クレイトポン)。

2408

死に至る病
セーレン・キェルケゴール著/鈴木祐丞訳

「死に至る病とは絶望のことである」。この鮮烈な主張を打ち出した本書は、キェルケゴールの後期著作活動の集大成として燦然と輝く。最新の校訂原典全集に基づいてデンマーク語原典から訳出した新時代の決定版。

2409

星界の報告
ガリレオ・ガリレイ著/伊藤和行訳

月の表面、天の川、木星……。ガリレオにしか作れなかった高倍率の望遠鏡に、宇宙は新たな姿を見せた。その衝撃は、伝統的な宇宙観の破壊をもたらすことになる。人類初の詳細な天体観測の記録が待望の新訳!

2410

自然魔術
G・デッラ・ポルタ著/澤井繁男訳

イタリア・ルネサンス末期に活躍した自然探究者デッラ・ポルタ。地中海的な知の伝統のなかに生まれ、実験と観察を重視する研究態度は「白魔術」とも評された。プリニウス『博物誌』と並び称される主著の抄訳。

2431

比較史の方法
マルク・ブロック著/高橋清德訳

歴史学に革命を起こした「アナール派」の創始者による記念碑的講演。人はなぜ歴史を学ぶのか? そして、歴史から何を知ることができるのか? 根本的な問いを平易に説いた名著を全面改訂を経た決定版で読む!

2437

宗教改革三大文書 付「九五箇条の提題」
マルティン・ルター著/深井智朗訳

記念碑的な文書「九五箇条の提題」とともに、一五二〇年に公刊され、宗教改革を決定づけた『キリスト教界の改善について』、『教会のバビロン捕囚について』、『キリスト者の自由について』を新訳で収録した決定版。

2456

《講談社学術文庫 既刊より》

西洋の古典

言語起源論
ヨハン・ゴットフリート・ヘルダー著／宮谷尚実訳

神が創り給うたのか? それとも、人間が発明したのか? 古代より数多の人々を悩ませていた難問に果敢に挑み、大胆な論を提示して後世に決定的な影響を与えた名著。初めて自筆草稿に基づいた決定版新訳!

2457

書簡詩
ホラーティウス著／髙橋宏幸訳

古代ローマを代表する詩人ホラーティウスの主著。オウィディウス、ペトラルカ、ヴォルテールに連なる韻文による書簡の伝統は、ここに始まった。名高い『詩論』を含む古典を清新な日本語で再現した待望の新訳。

2458

リュシス 恋がたき
プラトン著／田中伸司・三嶋輝夫訳

美少年リュシスとその友人を相手にプラトンが「友愛」とは何かを論じる『リュシス』。そして、「知を愛すること」としての「哲学」という主題を扱った『恋がたき』。「愛すること」で貫かれた名対話篇、待望の新訳。

2459

メタサイコロジー論
ジークムント・フロイト著／十川幸司訳

「抑圧」「無意識」「夢」など、精神分析の基本概念を刷新するべく企図された幻の書『メタサイコロジー序説』に収録されるはずだった論文のうち、現存する六篇すべてを集成する、第一級の分析家、渾身の新訳!

2460

国家の神話
エルンスト・カッシーラー著／宮田光雄訳

稀代の碩学カッシーラーが最晩年になってついに手がけた畢生の記念碑的大作。独自の「シンボル象徴」理論に基づき、古代ギリシアから中世を経て現代に及ぶ壮大なスケールで描き出される怒濤の思想的ドラマ!

2461

七十人訳ギリシア語聖書 モーセ五書
秦 剛平訳

前三世紀頃、七十二人のユダヤ人長老がヘブライ語聖書をギリシア語に訳しはじめた。この通称「七十人訳」こそ、現存する最古の体系的聖書でありイエスの時代の聖書である。西洋文明の基礎文献、待望の文庫化!

2465

《講談社学術文庫 既刊より》